L'orpheline de Mars

Responsable de la collection : Frédérique Guillard

FRANÇOIS SAUTEREAU

L'ORPHELINE DE MARS

Illustrations de Serge Clerc

NATHAN

GENESIS

1

– IL PLEUT, il pleut encore ! enrageait Lorindel, en faction au coin de la fenêtre.

À la lumière de la lampe à huile, elle ne voyait dans la vitre que son pâle reflet bougon aux boucles brunes. La vieille Judith, qui lui tournait le dos, s'affairait sur un fond de tarte aux prunes.

– L'eau, c'est la vie. Tu comprendras quand tu en manqueras.

Dans l'unique pièce du logis, un étroit chalet lambrissé aux murs noirs de crasse, la table grinçait sous les allers-retours acharnés du rouleau à pâtisserie. Au creux de la cheminée de pierre rouge, le feu s'était assoupi. Lorindel insista en tapant du pied.

– C'est ta faute ! Il est tard et je n'aurai pas pu rendre visite à Olga !

– Quelle importance ? Tu ne vois pas que je

prépare une fête pour ce soir ? Ranime un peu le foyer. Tu en profiteras pour allumer les trois chandeliers. Il fait noir comme dans une caverne, ici.

Il faisait déjà froid, comme d'habitude.

L'adolescente fit la moue. Le rose d'un crépuscule finissant caressait les toits des maisons basses de la ville de Genesis. Les lumières du soir accrochaient une à une leur tremblement aux façades des chalets de la rue de Littleroc.

L'automne à peine commencé, il faisait déjà froid, comme d'habitude dans ce triste pays que l'on appelait Éden. On ne pouvait faire l'économie d'une flambée. À quatre pattes dans la cendre, Lorindel soufflait, soufflait, s'époumonait... L'air commença à lui manquer. Elle se détourna du foyer. Un vieux sac de toile noire posé près de la réserve de bois attira son attention. Elle voulut l'ouvrir.

– Laisse-le ! dit Judith.

– Qu'est-ce qu'il y a dedans ?

– Ça ne te regarde pas.

Avec Judith, la plupart des conversations tournaient ainsi. Lorindel en avait par-dessus la tête ! Devrait-elle rester là toute sa vie chez cette vieille, à trimer sans explication dans la suie ou la poussière rouge ? Non, son tour viendrait d'aller travailler avec les maraîchers. Peut-être même quitterait-elle Éden, quand elle se serait trouvé un amoureux. Mais pouvait-on vivre au-delà d'Éden ?

Pouvait-on vivre au-delà d'Éden ?

Son travail achevé, la jeune fille se lava les mains et s'installa à son écritoire. Elle réfléchit un bon moment puis, soudain inspirée, traça de sa plume d'oie quelques mots sur un cahier à reliure de cuir. Judith s'approcha d'elle sans bruit, par-derrière, et des deux mains lui saisit ses longues boucles brunes. Les cheveux glissaient, s'écoulaient à travers ses doigts comme une eau malicieuse.

– Qu'est-ce que tu as donc à toujours écrire comme ça ?

– Ce sont des poèmes.

– Des poèmes ! On a grand besoin de ça, ici !

– J'aime écrire. Plus tard, j'écrirai un gros livre.

– Plus tard... marmonna la vieille.

En tirant sur les cheveux de Lorindel, elle lui bascula la tête en arrière pour lui baiser le front.

– Laisse-moi !

Dehors, il y eut soudain un claquement dont l'écho se prolongea une courte seconde. Lorindel tourna la tête. Un silence, puis au loin des cris d'épouvante parmi les galopades. Judith grommela une phrase incompréhensible tandis que la jeune fille se précipitait à la fenêtre. Le bruit s'amplifia quand elle ouvrit. Dans la rue, les commentaires fusaient à la cantonade.

– Encore un de ces affreux attentats !

– Quelle plaie !

– Une vraie pègre s'est installée ici !

– Il va falloir établir des tours de garde !

Judith intervint.

– Referme tout de suite !

La nuit était tombée et l'on dînait à la lueur des chandelles. Lorindel avait passé sa robe bleue à col de dentelle et Judith s'affichait en noir. Endimanchés, ils étaient huit autour de la table, et cela suffisait presque à emplir la pièce. On avait dû repousser contre la cloison les lits qui pour l'instant servaient de vestiaire. C'était le même déménagement à chaque invitation.

La conversation avait rapidement dérivé sur l'insécurité à Genesis.

– Ces coups de feu ne sont que des règlements de comptes, affirma l'oncle Pendrake, un homme chauve à la moustache blonde. Mais ici, dans le quartier anglais, nous n'avons rien à craindre.

On faisait mine d'être rassuré. L'oncle, conseiller municipal à Genesis, prétendait en connaître les potins et les secrets.

Les Curtis et leurs trois turbulents garçons écoutaient avec sagesse. L'aîné, William, était promis à Lorindel, si elle acceptait, bien entendu. Malheureusement, William ne songeait guère à faire la cour à qui que ce soit, et surtout pas à Lorindel qu'il estimait trop gamine, comme si elle ne devait jamais grandir. Il lui préférait sa collection d'armes blanches, dagues, couteaux, arcs et flèches, ce qui arrangeait grandement la jeune fille : elle le trouvait laid, prétentieux et faisait tout son possible pour lui déplaire.

Vint le moment du dessert et de la tarte aux prunes. Mais aussi celui des cadeaux, car ce jour était le treizième anniversaire de Lorindel, et la raison de ce rassemblement. Devant le déballage de robes et de peluches, on oublia pour un temps la menace qui planait sur la ville.

– Oh ! Une plume d'acier ! Et une fiole d'encre !

– C'est pour nous composer de jolis poèmes.

– Merci, oncle Pendrake !

Mais le plus beau des cadeaux, ce soir-là,

fut le dernier : une poupée rousse en tablier à carreaux bleus. Ici, c'était un objet rare et de valeur. Lorindel ne s'y trompait pas, qui la serra contre elle jusqu'à l'heure du sommeil.

Hélas, le sommeil ne s'annonçait ni pour Judith, ni pour Lorindel, et il n'allait pas venir avant longtemps. Les invités étaient partis. Le mobilier avait été remis en place. Allongée sur son matelas composé de ballots de chiffons rassemblés à côté de la cheminée, la jeune fille tenait encore sa poupée en réfléchissant sur le nom qu'il conviendrait de lui donner.

– Judith ? appela-t-elle doucement, dans le noir.

La vieille avait l'habitude de dormir à l'opposé, dans un vieux lit à baldaquin un peu plus large, qui grinçait.

La masure transpirait la suie et le graillon des dernières années. Une odeur dont on ne se défaisait jamais. Elle appartenait à Genesis et avait été en quelque sorte bâtie avec elle voilà plus de cent ans par les premiers colons, dans la forêt originelle et la pierre rouge du gigantesque canyon.

Lorindel savait par cœur tout cela. Judith racontait souvent son arrivée dans le pays d'Éden, soixante années plus tôt. On ne connaissait pas la misère, en ce temps-là, ou du moins n'appelait-on pas cette situation misère. Hormis le climat, ce sol nu était sans danger. Pas d'Indiens, comme là-bas, sur la planète Terre, dans le Far-West des livres offerts par Pendrake. Éden n'était qu'un simple caillou rouge, à l'origine. On y avait planté le décor et tout le monde vivait sans évolution, au milieu d'un temps immobile, dans de vieilles maisons pleines d'odeurs.

– Judith ?

– Judith ?

– Que veux-tu, ma petite ?

– C'est vrai que tu n'es pas ma grand-mère ?

Judith se souleva dans un grincement du lit, appuyée sur un coude. Lorindel distinguait dans le noir la couronne de cheveux blancs.

– Pourquoi me poses-tu encore une fois cette question ?

– Parce que. Est-ce que tu es vieille ?

– J'ai soixante-dix ans.

– Soixante-dix ans de là-bas, ou d'ici ?

– De là-bas. Tu sais bien que l'on compte comme là-bas.

– Tu es de là-bas ?

– Oui.

– Et moi ?

Ces questions agaçaient Judith.

– Comment le saurais-je ? Dois-je pour la centième fois te raconter ton histoire ? Tu m'as été confiée à l'âge de quatre ans par une inconnue que je n'ai jamais revue. Elle t'a déposée comme un sac de chiffons avec ton prénom, ta date de naissance et trois jours de vivres. Qui sait combien de kilomètres vous séparent aujourd'hui, ta mère et toi ?

– Tu es de là-bas ?

– Mille ?

– Dix mille. Ou des millions, peut-être. Mais mon avis, c'est que tu es née ici.

Lorindel soupira, les yeux fixés au plafond. Dehors, il y eut soudain le même claquement que dans la soirée. Puis un deuxième, un troisième.

– Oh ! Judith ! Ça recommence !

La vieille s'assit sur le lit.

– Par tous les démons ! C'est une vraie fusillade, maintenant. Ils vont nous faire des trous dans le ciel, si ça continue. Ils vont nous crever la bulle. L'air s'échappera ! Ça empêchera de pleuvoir, et même de respirer.

– Alors on risque de...

Lorindel fut interrompue par une déflagration terrible. Le sol trembla. Une lueur rouge envahit la rue et la fenêtre, illuminant tout le chalet.

– Mamie, j'ai peur ! hurla-t-elle en se cachant sous les couvertures.

– Ne bouge pas d'ici. Je vais aller voir.

Et la vieille clopina vers la fenêtre.

– Ça alors ! On dirait bien qu'ils ont mis le feu à une bicoque, pas loin.

Lorindel la rejoignit aussitôt à la croisée. Elle se pelotonna contre elle, se glissa comme sous une aile. C'était la panique dans la rue de Littleroc. On se pressait de partout. Un début d'exode. On vint tambouriner à leur porte.

LA FUITE 2

C'ÉTAIT oncle Pendrake. L'expression pathétique de son visage rendait encore plus dérisoires son chapeau melon et son costume noir déchiré et tout crotté.

– Pas une minute à perdre, haleta-t-il. Il faut partir ! La révolte a commencé par le quartier russe, elle nous atteindra avant la fin de la nuit.

– Fuir ? Pour aller où ? s'insurgea Judith.

– N'importe où. Éden est vaste. Allons, prenez vite quelques affaires. Dépêchons, bon sang !

– Éden est vaste... glapit Judith, c'est vite dit ! Et l'hiver approche. Où trouverons-nous un gîte ? Dans les quelques villages éparpillés dans les montagnes ? C'est nous tuer que nous jeter sur les routes.

– Ceux qui tiennent à mourir avant l'aube peuvent rester ici... Allons ! Il faut gagner l'ouest.

– L'ouest ? Vraiment, l'ouest ?

La vieille ouvrait des yeux comme des billes tandis que Pendrake tournait en rond en agitant les bras.

– Une charrette, Judith ! Tu n'as même pas une charrette ?

Mais la vieille marmonnait de son côté, comme en prière :

Darkner est venu par le dernier convoi.

– L'ouest ? Pour y mourir ? Sans air et sans eau ? Merci bien. J'aime autant crever ici. De toute façon, que peuvent-ils nous faire ? Tant que ces rebelles ne me pointeront pas leur fusil sur l'estomac, je resterai chez moi.

Pendrake, lui, se savait désarmé. Il s'assit sur une vieille chaise branlante, posa ses coudes sur ses cuisses, se prit la tête dans les mains et débita sa tirade d'un trait, sans regarder personne. Son chapeau avait roulé à terre. Lorindel écoutait, immobile depuis le début. Était-ce pour elle qu'il parlait ?

– Tout ça, c'est de ma faute. Ce Darkner est venu par le dernier convoi, il y a six ans. Au début, il s'est mêlé à la population, sans problème. Si j'avais pu prévoir... C'était un repris de justice, certes, mais il était loin d'être le seul dans ce cas. Vous savez comme moi que certains prisonniers pouvaient venir ici en échange d'une totale amnistie. Or, c'est un redoutable trafiquant.

C'est un redoutable trafiquant.

– Allons donc ! Que peut-il donc trafiquer ? Et avec qui ? s'exclama Judith, en versant une infusion brûlante dans des bols de grès.

Pendrake leva la tête. Il avait les yeux vides, le regard totalement absent. Lorindel n'avait toujours pas quitté la fenêtre.

– Ce que trafique Darkner ? poursuivit-il, nous l'ignorons. Mais il a rassemblé derrière lui une bande de vauriens et cherche à placer sous sa coupe tout Éden, pas seulement Genesis. L'esclavage. Voilà ce qui nous guette, oui, l'esclavage ! Dites adieu à vos belles maisons !

– Eh bien, il faut l'en empêcher ! s'écria Judith, sa tasse à la main, assise sur son lit défait. À quoi servez-vous donc, vous autres conseillers municipaux ?

– Ils sont armés, pas nous.

– Ils sont armés, pas nous.

– C'est un tort, fit Judith.

– C'était dans le contrat de l'Expérience. Pas d'arme à feu sur Éden. Ils en ont introduit clandestinement.

– Eh bien, l'Expérience risque de tourner court.

– C'est pourquoi vous devez fuir.

Une nouvelle déflagration secoua la maison et deux vitres volèrent en éclats. Une rumeur sourde et continue, entrecoupée de tirs et d'explosions, montait de la ville.

Devant Pendrake hébété sur sa chaise, Judith se leva, se saisit du sac de toile noire qui attendait près de la cheminée. Elle y ajouta une miche de pain, une gourde qu'elle emplit d'eau, puis tendit le tout à Lorindel. La jeune fille, ayant compris depuis un moment, avait pris l'initiative de se mettre sur le dos tous ses vêtements en laine, y compris un épais manteau brun. Elle avait aussi enfilé ses grosses chaussures fauves.

– Mon enfant, je suis trop vieille pour courir les routes où je ne serai qu'un fardeau. Tu as la vie devant toi. Ne t'occupe pas de l'ouest. Oncle Pendrake n'y connaît rien. File plutôt vers la grande forêt du Septentrion. Il y a là de bonnes cachettes. Et dès que tu le pourras, tu graviras la montagne vers le nord. Au-delà de la porte nord, c'est l'été. Tu es forte. Je sais que tu survivras.

– Et toi, Judith, qu'est-ce que tu vas devenir ? murmura l'adolescente, la gorge nouée.

– Garde-moi comme un bon souvenir. Allez ! File pendant qu'il en est encore temps !

Lorindel se mit à sangloter. Elle se pendit au cou de sa nourrice, qui l'embrassa une bonne fois pour toutes et la jeta dehors avec le sac.

Dans la rue qui rougeoyait sous l'incendie, une forte odeur de brûlé prit Lorindel à la

gorge. Était-ce la fumée âcre qui lui tirait ces quelques larmes ? Et elle n'avait même pas eu le temps de dire adieu à oncle Pendrake !

– Fuis, Lorindel, ne te retourne pas ! Ne t'arrête pas avant la forêt, c'est ta seule chance ! furent les dernières paroles qu'elle entendit de la vieille Judith.

Bousculée et grondée par les fuyards au milieu de la rue, elle regarda une dernière fois la maison de son enfance. Déjà la porte s'était refermée. Alors elle ravala ses sanglots, lança son sac par-dessus son épaule et partit pour toujours.

S'il faisait encore très froid, au moins il ne pleuvait plus. Des volutes de fumée s'élevaient de toutes parts dans la ville ; d'un jaune éclatant à la base, les flammes viraient au rouge plus haut sur la voûte céleste. Dans ce qui semblait n'être plus qu'un décor, tout était noir, feu ou sang, des ruines à contre-jour sur fond d'embrasement. Des ombres fuyaient dans tous les sens l'atmosphère irrespirable,

femmes chargées de lourds ballots sur la tête, enfants hurlant derrière elles. Ces pantins désarticulés et hagards, ne sachant où aller, revenaient sur leurs pas, se heurtaient aux suivants qui les refoulaient à nouveau. Les coups de feu crépitaient un peu partout.

– Maman ! Maman ! hurlait un petit garçon d'à peu près quatre ans. Maman, t'es où ?

Une cuillère à la main et une serviette au cou, il tournait sur lui-même, cherchant partout une mère qui le cherchait aussi, mais loin, ailleurs. Lorindel se mit à courir et décida que désormais rien ne l'arrêterait. Elle enjamba des poutres fumantes, des corps râlants ou gémissants, elle contourna des chariots renversés, des sacs abandonnés, des détritus, elle traversa des carrefours.

La panique semblait s'être emparée de la totalité de Genesis. Bandits et pillards surgissaient ici et là, s'activant à tout dévaliser et à incendier. Toute la ville flambait et on y voyait comme en plein jour.

La jeune fille savait où trouver la forêt du Septentrion, mais il lui fallait franchir auparavant de nouveaux quartiers. La grande tuerie n'avait pas encore mordu de ce côté-là. Il y faisait beaucoup plus sombre. Elle prit donc au hasard de l'obscurité une avenue bordée de squelettes plutôt sinistres, qui n'étaient que des peupliers. Là, des maisons plus vastes que son chalet se tenaient un peu en retrait. L'incendie était trop loin pour éclairer les façades qui par ailleurs ne recelaient aucune vie. Ce fut bientôt l'obscurité totale. Il fallait avancer presque à tâtons.

– Hé ! Où tu vas, toi ? chevrota soudain une petite voix, tout près.

Elle sursauta.

– Ha ha ! Froussarde ! poursuivit cette voix de vieillard. Si tu n'es pas une alliée de l'immonde Darkner, tu n'as rien à craindre ici.

Une bougie s'alluma, s'approcha de son visage.

– Hé ! Mais c'est une charmante jeune

fille ! dit une voix beaucoup plus jeune. Ça fera une bonne compagnie. Elle est un peu sale, mais par les temps qui courent... D'ailleurs, avec un peu d'eau, ça se soigne très bien. Car nous, de l'eau, on en a.

La bougie mit en évidence deux hommes armés de ces fusils que Lorindel avait entrevus dans les mains des révoltés.

– Ça t'étonne, hein ? reprit le vieillard. Nous sommes des résistants. Nous avons subtilisé ces armes aux troupes de l'Immonde. Et toi, où espères-tu aller ?

Elle hésita.

– Dans les montagnes, peut-être...

– Tu ne les atteindras jamais. Ils encerclent la ville. Le mieux, c'est de rester avec nous. Tu pourrais rendre des services. Assieds-toi par là...

Dans la direction indiquée par le plus jeune se découpaient, légèrement plus pâles que la nuit, les silhouettes d'autres hommes accroupis près d'un peuplier. Elle les rejoignit dans le noir. C'était pour elle l'occasion de reprendre son souffle. Elle aurait bien dormi un peu, mais n'osait pas. Elle craignait trop d'être tuée pendant son sommeil.

Elle ouvrit son sac et sortit la miche de pain. Quand elle en eut goûté, elle s'assoupit malgré elle.

À l'aube, Lorindel fut réveillée par le bruit. La situation avait changé. La folie meurtrière avait erré dans la ville et peu à peu dérivait jusque ici. Elle s'aperçut qu'on l'avait abandonnée presque en pleine bataille. Déjà des fusils tiraient dans les rues avoisinantes. Le quartier s'embrasait. La jeune fille courut se mettre à l'abri d'un porche, mangea encore un peu de pain, but quelques gorgées d'eau, se glissa avec prudence le long des façades et reprit sa course effrénée dans la ville.

Bientôt, alors qu'elle s'estimait tirée d'affaire, elle tomba sur une poignée de jeunes vauriens qui s'amusaient à briser les vitres des maisons abandonnées. Elle jugea prudent de les ignorer, mais elle reconnut parmi eux William Curtis. Elle en resta bouche bée.

– Hé, les gars, cria l'un des garçons, regardez ce que le ciel nous envoie !

Et il entraîna les autres à la conquête de Lorindel. William finit par la reconnaître.

– Laissez-la ! ordonna-t-il. Je la connais. Hé ! Lorindel ! Qu'est-ce que tu fais par ici ? Viens avec nous.

Lorindel recula avec prudence.

– Allons, viens ! N'aie pas peur ! poursuivait William. Reste avec nous !

– Pour casser les carreaux ?

– C'est toujours aussi bien que de passer ses journées à écrire des poèmes !

Les autres éclatèrent de rire. William poursuivit :

– Ici, au moins, on s'amuse. De toute façon, ça n'est plus à personne. Rien ne sera plus comme avant. Que tu le veuilles ou non, c'est un nouvel ordre qui s'installe. Mais tu ne peux pas comprendre.

Elle prit la fuite sans plus attendre. Tous les gens qu'elle rencontrait n'avaient rien d'autre à dire que « Reste avec nous ! » Ils étaient complètement perdus, comme Lorindel au milieu de la ville, dans le dédale des ruelles et des avenues.

Elle prit la fuite sans plus attendre.

À un carrefour, elle se retrouva nez à nez avec trois hommes armés qui se lancèrent aussitôt à sa poursuite en poussant des cris sauvages. Ils allaient la rattraper quand un autre groupe surgit et les intercepta. Pendant la fusillade, Lorindel parvint à s'échapper et à se glisser sous une bâche, au fond d'une cour.

L'endroit ayant retrouvé son calme, elle dormit deux bonnes heures et le froid la réveilla. Le vent s'était levé et secouait la bâche. Personne dans les environs. Elle prit son sac et s'en alla. Elle se trouvait à la sortie de la ville, du côté nord. Elle reconnaissait la route. Avant midi, elle atteignit les premières cultures maraîchères, là où elle avait souhaité travailler un jour. C'était un grand terrain plat, agrémenté de cabanes bien rangées au bord d'étroites allées parallèles qui se succédaient en travers du paysage.

Elle tourna le dos à la ville.

Le lieu était totalement désert. Quelques corbeaux dérivaient dans le ciel en criant. Les jardiniers avaient fui et les troupes de Darkner n'étaient pas encore arrivées. Lorindel jugea bon de ne pas les attendre et, ayant arraché quelques carottes, une salade et ramassé trois pommes, elle tourna résolument le dos à la ville.

Ce n'était plus qu'un champ de roches.

LA FORÊT DU SEPTENTRION

3

Au milieu des champs de tomates, perpendiculaire aux allées, un chemin large et bien entretenu partait droit vers l'horizon, où une sombre ligne violette annonçait la forêt. Mise en confiance, Lorindel s'y engagea d'un bon pas. Mais bientôt elle pénétra dans une vaste zone abandonnée depuis plusieurs mois aux ronces et aux mauvaises herbes. Le chemin devint très inégal, envahi de grosses pierres et de cailloux, et bientôt il se confondit avec les rocailles des bas-côtés. L'exploitation maraîchère s'achevait là. Ce n'était plus qu'un champ de roches.

Sa marche pénible dans ce désert dura une heure, puis la végétation reprit. D'abord des touffes d'herbe éparpillées, bientôt un tissu continu, une sorte de friche. Puis des bosquets de bouleaux, quelques sapins épars. Enfin, la lisière proprement dite.

La forêt du Septentrion commençait par une haie de buissons bordant une rivière. Malgré la sécheresse qui régnait sur Genesis et sans doute sur tout Éden, c'était un cours d'eau large et bruyant qu'il fallut bien traverser. Lorindel porta son sac sur sa tête ; l'eau lui arrivait aux cuisses et le courant rapide et glacé faillit plusieurs fois lui faire perdre l'équilibre.

De l'autre côté commençait la futaie. Des bouleaux en plus grand nombre, puis des résineux rachitiques, hideux, tordus, mais dont l'agréable parfum faisait oublier les relents de l'incendie. Trempée, Lorindel grelottait. Elle était épuisée, mais en aucun cas elle ne se serait arrêtée.

La forêt allait s'épaississant et lui prodiguait un abri de plus en plus sûr. Mais la fatigue accumulée finit par avoir raison de sa volonté. À moitié évanouie, Lorindel se laissa choir.

Elle reprit peu à peu son souffle et ses esprits. C'est là qu'elle commença à comprendre que si elle avait échappé à la mort, ce ne pouvait être que pour un délai assez bref. Elle avait agi de manière irréfléchie. Maintenant elle regrettait de n'avoir pas suivi William et sa bande. Ils auraient sans doute trouvé de la nourriture, eux. Tandis qu'ici, elle n'avait aucune chance.

Son regard tomba sur son sac. Elle décida de le vider entièrement et étala près d'elle les légumes, les pommes, le reste de la miche de pain, la gourde, quelques lainages, le cahier de poèmes, la plume d'acier et l'encre... Pour finir, elle découvrit la poupée, son cadeau d'anniversaire auquel Judith avait pensé !

C'est là qu'elle mesura le vide laissé en elle par la séparation, le départ brusque, la rupture. À cet instant, le visage et la voix un peu aigre de la vieille lui firent cruellement défaut. Quelle sotte elle était d'avoir négligé ces bons moments-là !

– Tu t'appelleras Judith ! dit-elle à son enfant de chiffon qu'elle brandit au-dessus d'elle.

Ses propres paroles la firent sursauter ! L'endroit était si calme ! Elle rangea ses affaires dans le sac, croqua une pomme à la hâte et reprit sa marche. Elle ne savait trop dans quelle direction diriger ses pas. La forêt était de plus en plus obscure et le soleil ne pouvait plus servir de repère. Elle erra plusieurs heures, soucieuse de mettre le plus de distance possible entre elle et la ville.

Lorindel s'en approcha.

Le jour s'achevait.

À ce moment-là s'ouvrit sur les dernières lueurs célestes une clairière assez étroite, plantée en son milieu d'une masse sombre : une grange adossée à une ferme. Poussée par le froid et la peur de la nuit, Lorindel s'en approcha avec prudence et en fit le tour. La construction paraissait encore en bon état et, bien sûr, abandonnée. La gigantesque porte coulissante de la grange était entrouverte sur le noir total. Elle écouta longuement, puis pénétra sans bruit.

Une douceur émanait de cette obscurité bienveillante, une odeur de foin. Soudain, un éclair l'aveugla. Elle poussa un cri et se protégea le visage de ses avant-bras.

– Qu'est-ce que tu fais là ? entendit-elle.

Le timbre de la voix trahissait l'auteur de la question : un garçon d'à peu près son âge, qui venait de braquer sur elle les feux terribles d'une lampe tempête.

– Je... Rien, je cherchais... une place pour la nuit !

– Va-t'en ! Il n'y a rien pour toi !

Elle n'arrivait toujours pas à y voir. Peut-être ce lieu servait-il de repaire à toute une bande. Elle recula. Devrait-elle se résoudre à dormir dehors par une nuit qui s'annonçait glaciale ?

La lumière se détourna et gagna une niche dans le mur. Elle émanait d'un grenier, juste au-dessus de la meule de foin.

– Une place, et rien d'autre ! implora la jeune fille en s'avançant au pied de l'échelle.

– Comment t'appelles-tu, d'abord ?

– Lorindel.

– Drôle de nom. D'où viens-tu ?

– De la ville, bien sûr. Ou de ce qu'il en reste.

Après un silence :

– Tu es seule ?

– Oui. Et toi ?

Il hésita.

– Aussi. Tu apportes à manger ?

– Il n'y a plus rien nulle part, dit-elle d'une voix un peu plus rassurée. Juste ma dernière tomate, si tu la veux.

Le garçon grommela :

– Tant pis. Enfin... monte !

Lorindel escalada l'échelle ainsi que le tas de foin du premier étage et son hôte lui tendit une main secourable pour la hisser près de lui. Elle le remercia de sa dernière tomate qu'il avala goulûment. Puis ils s'observèrent un bon moment sous l'éclairage de la lampe tempête logée dans une anfractuosité du mur,

juste sous la toiture. Le garçon avait les yeux clairs et son fin visage s'encadrait de cheveux blonds assez courts, ébouriffés.

– Et toi ? demanda Lorindel. Comment t'appelles-tu ?

– Aristide.

– Il y a longtemps que tu es là ?

– Trois jours.

– Fou ! Il ne faut jamais rester si longtemps au même endroit ! Les tueurs sont sur nous ! Moi je m'en vais au petit matin.

Elle attendit avant d'ajouter :

– Avec toi, si tu veux.

– Impossible. Ça ne se voit pas, mais j'ai une sale blessure à la cheville. Peut-être même une fracture. Je nc peux pas poser le pied par terre. Un résistant m'a porté depuis la ville et m'a installé ici, au grenier. Il m'a dit que j'avais peut-être une chance que les rebelles ne me découvrent pas là-haut, et qu'il allait trouver du secours. Il ne reviendra pas, évidemment. Et puis, de toute façon, on peut courir, on se fera rattraper. Alors je me dis que c'est aussi bien de crever ici en paix et au chaud. S'ils entrent, je jette la lampe dans le foin. Elle met le feu et adieu la galère !

– Tu es bien trop jeune pour mourir.

Lorindel haussa les épaules.

– Tu es complètement fou. Tu es bien trop jeune pour mourir.

– Mourir... Tu crois qu'il y a un âge pour ça ?

– À vrai dire, non. Mais tu ne dois pas agir ainsi. À aucun âge il ne faut refuser de vivre. Faut pas se laisser choir, mon vieux. Moi je me dis : tant qu'il y a un souffle d'air à respirer, il est pour moi.

– Oui, mais toi, tu n'es pas blessée.

– Si.

– Où ça ?

Elle posa la main sur son cœur. Il s'étonna :

– Tu es blessée au poumon ? Tu as reçu une balle ?

Elle regarda dans le vague et sourit.

– Non. C'est un autre genre de blessure. Moins grave et peut-être pire. Mais je n'ai pas l'intention de leur faire cadeau de ma peau. J'ai toujours eu l'esprit de contradiction.

– Eh bien moi, dit Aristide, j'ai envie de mourir. Je veux me laisser couler dans le silence. Dans le néant. J'ai trop de chagrin.

– J'ai trop de chagrin.

Elle le regarda un moment puis lui caressa tendrement le visage du revers de la main. C'était chaud et doux. Elle se sentait comme une maman auprès de lui, elle avait envie de le bercer sur ses genoux. Puis ses longs doigts frêles lui détaillèrent le front, les sourcils, le nez, la joue. Elle se demandait comment il avait tenu si longtemps sans renouveler sa provision d'eau. Et lui n'osait bouger de peur de rompre la magie.

Soudain, Lorindel lui confisqua sa gourde et se laissa tomber au bas de la meule, puis de l'échelle.

– Voleuse ! Voleuse ! Rends-moi ça ! Voleuse ! Ne reviens jamais ! hurlait-il.

– Ça suffit ! Et tâche de ne pas mettre le feu avant mon retour !

Avant le lever du jour, elle était à nouveau assise près de lui.

– Bois ! ordonna-t-elle.

Il vida la gourde d'un trait. Elle ajouta :

– Regarde ce que j'ai volé pour toi dans une ferme ! Des tomates et du raisin ! Deux couvertures bien chaudes et de quoi te soigner ! Maintenant, fais voir un peu cette cheville.

Il avait un gros bandage au pied droit qui lui remontait à la moitié de la jambe. Celui qui l'avait soigné avait été obligé de découper un peu le pantalon de toile. Lorindel défit le bandage comme Judith le lui avait appris. À Genesis, la nécessité transformait toutes les filles en infirmières. On y enseignait la survie dès le plus jeune âge.

Elle nettoya donc la plaie avec un peu d'eau de Cologne : c'était tout ce qu'elle avait trouvé dans la ferme abandonnée à la hâte par ses occupants. Aristide serrait les dents, tremblait de douleur, mais il sut garder un silence digne.

– Je crois qu'il n'y a rien de cassé, dit la jeune fille. C'est très enflé, mais ce n'est sans doute qu'une grosse entorse. Ça t'est arrivé comment ?

– Pendant ma fuite du quartier russe. Je suis tombé dans une cave, une sorte de débarras rempli de tout un matériel, je ne sais quoi au juste...

Comme il s'était laissé soigner sans protester, elle le prit par le cou et l'embrassa longuement sur la joue. En sentant courir les lèvres, en ressentant le souffle délicat, il ferma les yeux et sourit pour la première fois.

Quand il rouvrit les paupières, Lorindel vit ses yeux illuminés.

– L'autre joue, s'il te plaît ! implora-t-il.

Conquise, elle s'exécuta avec une égale application. Il la serra contre lui.

– Encore ! On ne m'a jamais embrassé, dans ma vie !

Elle lui déposa un troisième baiser sur le front et conclut :

– Surtout, ne m'en demande pas un quatrième !

Émerveillé, le garçon se sentait prêt à accepter désormais tout ce qu'elle déciderait.

Avec une patience infinie, elle l'aida à descendre de son perchoir. Il n'arrivait pas à poser le pied sur le sol sans ressentir une vive douleur.

– Tu vois ce que je te disais. Je ne ferai pas cinquante mètres.

– Tu ne feras pas cinquante mètres, dit Lorindel. Tu feras cinquante kilomètres. Et même beaucoup plus.

Elle ouvrit la bâtisse en grand pour laisser pénétrer la lumière. Ayant trouvé des manches de pelles et de pioches ainsi qu'une scie, elle se mit à bricoler une paire de béquilles qu'elle lui tendit triomphalement. Il les essaya.

– On y va ! claironna-t-il gaiement.

C'est ainsi que le soleil les trouva en chemin. Clopin-clopant, ils partirent vers le nord et la forêt les engloutit dans son secret.

UNE VISITE INOPINÉE 4

Il y avait grand monde dans l'appartement parisien des de Beerbeck. Heureusement, c'était un espace de plus de trois cents mètres carrés, sans compter la terrasse. Éric et Geoffrey n'étaient pas peu fiers. Ils se préparaient à assister à la remise de la médaille du mérite scientifique dont l'heureux bénéficiaire n'était autre que leur père, Stephen.

Pour l'instant, quelque peu énervés, ils se poursuivaient au milieu des invités, jouant à cache-cache derrière les meubles robots gris et blanc ou parmi les fleurs et les plantes artificielles.

– Éric ! suppliait la mère, c'est toi l'aîné. Essaie de montrer l'exemple, je te prie !

– C'est pas moi, c'est Geoffrey, il m'embête !

– Menteur ! se défendit le cadet.

– Les enfants... Voyons ! Remettez un peu d'ordre dans votre tenue !

– Sont pas beaux, ces habits, gémit Geoffrey.

– Vos ancêtres étaient vêtus ainsi. C'est le thème de cette soirée.

Il envoyait son image…

On attendait d'un instant à l'autre l'arrivée du sous-ministre à la Recherche et au Développement. Les garçons, assagis par un cône glacé, ne cessaient de lorgner du côté du miroir holographique où l'éminent personnage allait apparaître. Car, bien entendu, le sous-ministre ne se déplaçait jamais. Il envoyait son image. Ce qui, à bien réfléchir, revenait exactement au même.

La plupart des invités avaient également utilisé cette méthode, très en vogue sur Terre. N'importe quel Parisien pouvait se rendre ainsi immédiatement à un cocktail à Tokyo. En s'habillant selon le thème choisi (il y avait toujours un thème dans les cocktails de cette fin de XXIIe siècle, surtout des thèmes rétro), on expédiait son image *via* la caméra holographique, et inversement l'image complète du cocktail de Tokyo faisait irruption chez soi.

Il ne manquait que le goût des petits fours.

C'est pourquoi ce soir-là, chez les de Beerbeck, on pouvait compter une trentaine d'invités physiquement présents (les amateurs de petits fours et les proches de la famille) et environ trois cents holographistes.

… via la caméra holographique.

Il y eut un murmure de satisfaction : le miroir holographique s'irisait d'une teinte bleutée et bientôt le sous-ministre apparut, jeune, très élégant dans son costume bleu nuit, souriant, magnifique et sans défaut, un vrai moulage revu et corrigé par ordinateur. Ses quatre collaborateurs, aussi artificiels que lui, se répandirent dans un large cercle au milieu de la pièce. On se salua d'une petite révérence. L'ancienne coutume de se serrer la main avait presque totalement disparu, puisque la plupart des rencontres étaient virtuelles.

On se rassembla autour du podium circulaire sur lequel le sous-ministre prit la parole. Il fit l'éloge de Stephen de Beerbeck, loua ses inventions, une série de brevets qui vaudrait un jour à son inventeur de génie le prix Nobel, loua également les efforts du gouvernement en matière de recherche et fit savoir que l'on comptait sur le peuple pour les prochaines élections.

– Et maintenant, acheva-t-il pompeusement, au nom de Sa Grandissime Excellence Ayrton Craig, gouverneur mondial, j'ai le plaisir de vous remettre ceci...

Sous les applaudissements, il tendit à Stephen une magnifique médaille d'or dans son écrin, impossible à attraper puisqu'elle était virtuelle... (Il lui fut certifié que la vraie médaille lui parviendrait bientôt.) Le sous-ministre descendit de son podium et disparut au milieu de ses collaborateurs.

Éric et Geoffrey faisaient les fiers parmi les invités. On discutait avec passion de la magnifique invention de Stephen de Beerbeck.

C'était une machine écologique destinée à créer un air tout à fait respirable à partir de matériaux solides faciles à extraire du sol. L'invention et la fabrication de cette machine dataient d'une vingtaine d'années, mais les récompenses viennent parfois un peu tardivement.

Élise de Beerbeck, en grande robe décolletée bleu nuit, s'activait avec grâce auprès des invités et tentait de leur présenter ses fils qui s'acquittaient en maugréant de ces obligations. Geoffrey fit même tomber une coupe de pétillant de synthèse, pompeusement appelé champagne.

À ce moment-là, parmi les invités, se glissa une femme qui ne paraissait pas avoir été conviée aux réjouissances. Elle était vêtue d'un tailleur tout simple, gris, terne, et portait un médiocre chapeau vert.

Personne ne semblait s'intéresser à elle, quand soudain elle se hissa sur une chaise et l'on vit sa tête dépasser la foule.

– Bonsoir, mesdames et messieurs ! clama-t-elle d'une voix assez forte pour faire taire tout le monde d'un seul coup. Bonsoir ! Désolée, mais je ne vais pas vous déranger longtemps, bien que je sois en droit de le faire. Car si on m'a hélas oubliée ce soir, je n'en étais pas moins aux côtés de de Beerbeck à l'origine de son projet. J'ai même le droit de dire : notre projet. N'est-ce pas, Stephen ?

Stephen pâlit.

– Ludmilla ! murmura-t-il. Que diable est-elle venue faire ici ?

– Quelque chose ne va pas, Stephen ? souffla Élise, toute proche.

L'ingénieur de Beerbeck s'avança à grands pas vers la chaise sur laquelle l'oratrice s'était juchée.

– Ah ! Stephen ! Bonsoir, très cher ! reprit Ludmilla. Te voilà donc héros de la soirée ! Et bientôt le prix Nobel, à ce que j'ai entendu dire ?

– De grâce, je t'en supplie, Ludmilla, descends de là tout de suite !

– Pourquoi ? On est si bien là-haut pour expliquer à monsieur le ministre ce qu'il est advenu de notre belle découverte !

– Tu n'es qu'un pion, comme moi.

Aussitôt le cercle holographique du sous-ministre s'éteignit, et la réception rétrécit d'une cinquantaine de personnes.

– Remarque, mon pauvre Stephen, poursuivit la femme, tu n'es pas en cause. Tu n'es qu'un pion, comme moi. Toi un pion de luxe, moi un pion plutôt vil, oublié. Deux pions sur l'échiquier de la politique.

– Ludmilla !

Peu pressée de quitter sa tribune, elle claironna encore plus fort :

– Qui ne connaît les machines à air « de Beerbeck » ? Celles que l'on a installées sur la planète Mars, dans la biosphère, avec des milliers d'émigrants, voilà quinze ans... Qu'on s'en souvienne ! On se battait alors pour y aller... Le pays d'Éden ! La ville de Genesis ! Amnistie pour les condamnés, comme à la naissance de Rome !

– Tais-toi, Ludmilla !

– Moi ? Me taire ? Tu m'as oubliée à ce point, Stephen ? Ou si mal connue ? Pourtant, nous étions mari et femme, là-haut, sur Mars. Tu m'as donc en plus chassée de ta mémoire ?

– Tais-toi, Ludmilla !

La foule commençait à toussoter et à murmurer son agacement. Deux hommes du service d'ordre s'avancèrent pour faire descendre l'intruse de son perchoir. Elle continua cependant à hurler en se débattant, tandis qu'on essayait de l'emmener :

– L'Expérience est interrompue, Stephen, tu le sais ! Je suis rentrée de Mars il y a cinq ans par le dernier convoi. Aujourd'hui, là-haut, les hommes, nos frères, sont en train de mourir, en proie à une guerre civile. L'enveloppe est perforée en maints endroits, tes belles machines sont en panne, la pression baisse, ils n'auront bientôt plus d'air, et toi tu n'auras pas le prix Nobel... Et tu le sais... et tu ne fais rien !

– Ne l'écoutez pas, hurlait l'ingénieur à son tour. Tout cela est complètement faux !

L'Expérience sur Mars se poursuit dans les meilleures conditions...

D'autres invités holographiques s'esquivèrent. Les cercles s'éteignaient les uns après les autres, emportant à chaque fois cinq ou dix personnes.

Mais Ludmilla échappa à ses gardes et, se précipitant sur de Beerbeck, lui pointa l'index sous le nez.

– J'ai eu un enfant de toi.

– Stephen ! siffla-t-elle. Tu m'as abandonnée, là-haut, il y a quatorze ans. Mais je ne suis pas restée seule. J'ai eu un enfant de toi. Tu ne l'as jamais su.

– Quoi ? Qu'est-ce que tu racontes ?

– Une fille. Elle est restée dans la biosphère. Elle vit toujours. Dans quelques semaines, elle sera morte, Stephen. Morte, parce que vous tous, contrairement à ce que tu prétends, avez abandonné l'Expérience. Lâche ! Tu as encore le temps d'aller la chercher. Tu dois le faire avant le terrible hiver de Mars. Au printemps, il n'y aura plus que des fossiles, là-haut. C'est ta fille, Stephen. Elle s'appelle Lorindel. Te rappelleras-tu, cette fois ? Lo-rin-del.

UNE ERRANCE CHAUDE ET FROIDE

5

LA NUIT s'annonçait. Cette partie de la forêt était plus clairsemée, si bien que le soleil les caressa un instant avant de disparaître. Sa lumière était un sourire égayant leur journée. Aristide s'assit avec mille précautions, le dos contre un sapin, tandis que Lorindel, après avoir ramassé quelques pommes de pin et des aiguilles, allumait un petit feu qui les réchauffa un moment.

Vint l'heure qu'ils redoutaient le plus, celle de dormir dans ce milieu hostile et froid. Ils s'allongèrent sur le tapis d'aiguilles, à quelque distance l'un de l'autre, chacun enroulé dans une couverture.

Mais le sommeil ne venait pas. De sinistres craquements dans l'obscure forêt les alertaient fréquemment. Ce n'étaient que des branches mortes arrachées par un coup de vent capricieux qui agitait les cimes.

Au cours de la nuit, le froid intense les réveilla et ils se rapprochèrent jusqu'à se blottir l'un contre l'autre, ce qui leur permit de somnoler quelques heures. Ils se levèrent avant l'aube, transis par le premier gel. Mais il leur fallait un peu plus de clarté pour s'orienter, et c'était difficile, car ils étaient perpétuellement sous le couvert de l'obscure forêt du Septentrion. Durant cette seconde journée, Lorindel était harassée, et Aristide très diminué par la douleur. Ils ne progressèrent guère plus de trois kilomètres, épuisant leurs vivres et les trois quarts de leur ration d'eau.

La seconde nuit s'annonçait, ils avaient la faim au ventre et le petit feu ne servit qu'à les réchauffer. Après quoi, ils préparèrent leur bivouac.

– J'ai une meilleure idée, dit Aristide. Si nous sommes chacun dans une couverture, nous n'avons qu'une seule épaisseur. Si nous nous roulons tous les deux ensemble dans les deux couvertures, nous avons une double épaisseur et la chaleur animale fera le reste. Nous passerons une bonne nuit.

– Tu crois ?

Ils mirent leur plan à exécution. Ils se sentaient un peu émus, mais aucun ne l'avoua.

– C'est drôle, dit Lorindel en levant la tête par-dessus le garçon, et en se penchant pour voir son visage dans les dernières lueurs du jour. Maintenant on est tout proches, on se serre, on se regarde et on n'a plus peur.

– Je te faisais peur ?

– Pourquoi ? Je te faisais peur ?

– Un peu, au début.

Il rit.

– Moi je te disais va-t'en, et j'avais peur que tu t'en ailles.

Ils éclatèrent de rire tous les deux. Elle l'embrassa dans le cou.

– J'aurais eu bien plus peur avec William.

– Qui est-ce, William ?

– Un idiot que ma nourrice voulait me faire épouser.

La nuit fut longue et réparatrice. Le lendemain, ils marchèrent plus loin, plus longtemps. Mais vers midi Aristide se plaignit à nouveau.

– Je n'en peux plus, Lorindel ! Dépose-moi ici et pars toute seule. Qu'on en finisse !

Aristide ne pouvait pas poser son pied droit par terre et se déplaçait toujours à l'aide de ses deux béquilles. Ils redoutaient d'être rejoints.

– Comment nous en sortir ?

– Ne te fais pas tant de soucis, chuchota la jeune fille. Ils ne viendront pas par là. Ce serait déjà fait. Avec les feux que nous avons allumés, ils nous auraient repérés depuis longtemps.

– Ce n'est pas cela qui me fait peur ! C'est d'aller au nord ! Ça ne mène à rien ! Même si les révoltés ne nous rattrapent pas, comment nous en sortir ? Nous n'avons plus de vivres !

Lorindel s'arrêta.

– Tu ne veux tout de même pas qu'on se

terre indéfiniment dans cette forêt ! Plus loin, nous trouverons des villages. Il y en a peut-être au-delà de la porte nord.

Mais il se laissa choir sur le tapis de feuilles mortes et jeta ses béquilles au loin.

– Tu ne te rends pas compte, Lorindel ! Tu ne connais rien à cette forêt. Tu ne connais rien à la biosphère !

– La biosphère ?

– Oui, Éden. Le lieu où nous vivons est artificiel. Il n'y a pas un gramme d'air, sur cette planète. Nous sommes dans une serre géante gonflée peu à peu. Et tu parles d'en sortir comme si de rien n'était. Mais il faut des scaphandres pour aller au-dehors.

– Je ne sais pas, moi…

– Je… Je ne sais pas, moi… murmura Lorindel, effrayée par l'humeur de son compagnon. C'est Judith qui me l'a dit… Et toi, comment as-tu appris tout cela ? Peut-être que tu l'inventes pour me faire peur ? C'est ça, tu veux me faire peur pour que je te plaigne !

Il haussa les épaules, croisa les bras et se

mit à bouder. Lorindel s'accroupit vers lui. Elle l'embrassa.

– J'irai où tu voudras, Aristide. Mais je ne te laisserai pas mourir ici. Ni ailleurs. Ou alors, nous mourrons ensemble. Nous serons serrés l'un contre l'autre et nous nous sentirons partir, nous nous abandonnerons, nous glisserons dans le vide et nous ne connaîtrons plus jamais la solitude. Notre dernière sensation sera une impression de chaleur. Peut-être que d'autres ont besoin de toute une vie pour connaître cela. Mais ce n'est pas ce que je veux. Puisque tu sais tant de choses, connais-tu l'endroit exact où nous sommes en ce moment ? Judith me disait d'aller vers le nord, parce que c'était la direction de l'été.

– J'irai où tu voudras, Aristide.

– Elle a raison. Mais nous ne pourrons pas monter bien haut. Nous arriverons à la porte nord, et ce sera la fin du voyage. Au-delà, pas d'air. Et puis, il y a la montagne. Pour sortir du grand canyon et monter à l'équateur, il faut gravir une falaise de sept kilomètres d'altitude ! Sept mille mètres, tu te rends compte ?

Lorindel baissa la tête.

– Tu as mal, c'est ce qui te rend de si mauvaise humeur...

Il acquiesça. Elle reprit :

– Reposons-nous un peu. Tu ne pourras pas guérir tant que tu seras obligé de fuir.

– Oh, fit-il, je suis stupide. Heureusement que tu me remontes le moral. C'est toi qui as raison. Nous devrions avancer encore un peu. Je crois reconnaître ce lieu. Pas loin, il y a une petite exploitation forestière. Nous l'aurions rencontrée depuis longtemps si je n'avais pas cette maudite plaie. Ça prouve que je traîne ! Peut-être que je trouverai à me soigner, là-bas.

– Eh bien, pourquoi tu ne l'as pas dit plus tôt ? Donne-moi la direction, je vais chercher du secours.

– Non ! s'écria-t-il. Ne me laisse pas, je t'en prie !

– Tu disais le contraire il y a une minute.

– Je n'ai plus toute ma tête. J'ai peur ! J'ai trop peur !

– Dis-moi, Aristide, comment connais-tu cette forêt ? Tu es déjà venu si loin ?

– Oui. Je connais à peu près tout Éden. Je connais la porte nord, la porte sud, les machines à air, les cultures, j'y suis allé à pied, parfois à cheval. Mon père était ingénieur aux machines à air. Mais il a été tué la première nuit de la révolte.

– Oui. Je connais à peu près tout Éden.

– Oh ! Aristide... Je comprends.

– Ne me regarde pas comme ça ! J'ai envie de pleurer et je ne veux pas que tu me voies quand je pleure !

Elle lui caressa le visage.

– Pourquoi ? On est très beau, quand on pleure. C'est même là qu'on est le plus beau. Parce qu'on a besoin d'être aimé. On appelle au secours ! On est prêt à prendre le moindre petit bout d'amour qui passe. Alors on est beau.

Elle se serra contre lui et il se mit à sangloter au creux de son épaule.

Quand il eut vidé toutes ses larmes, elle l'aida à se relever, lui rendit ses béquilles et ils partirent, guidés par une vague lueur solaire, dans la direction présumée de l'exploitation forestière.

Aristide ne s'était pas trompé. Ils arrivèrent le soir dans une zone d'abattage où les forestiers avaient dégagé une clairière d'une dizaine d'hectares. Là, ils avaient établi des potagers. À la lisière, trois bâtisses et une grange abritaient les ouvriers, leurs familles ainsi que le matériel. Il n'était pas rare de trouver, dans la forêt du Septentrion, des maisonnettes comme celles-ci, car la forêt était régulièrement entretenue. Les adolescents traversèrent les jardins jusqu'aux maisons.

Aristide ne s'était pas trompé.

– C'est imprudent ! souffla Lorindel. N'importe qui peut nous remarquer.

– Ce sont sans doute des amis, ici. Ou alors ils ont fui depuis longtemps.

– Peut-être que l'ennemi a pris leur place, ou bien...

Elle n'osa poursuivre sa pensée. Elle imagina un instant le massacre des habitants, avec les soldats de Darkner embusqués aux fenêtres et les tenant tous deux en ligne de mire. Mais non, elle divaguait. La signature des révoltés, c'était le pillage et l'incendie ; ici, tout respirait le calme.

Le calme, ou un silence de mort ?

Ils atteignirent la première bâtisse. Ce n'était qu'une grange où s'entassaient des outils de jardinage et qui abritait deux grands chariots vides.

– Personne ! Il n'y a plus personne dans ce hameau.

La deuxième bâtisse était une maison d'habitation à un étage. Ils entrèrent dans le désordre d'une cuisine abandonnée à la hâte. De la viande commençait à pourrir sur la table. Ils firent rapidement l'inventaire des placards. Peu de victuailles.

Heureusement, il y avait de l'eau à volonté. Ils se précipitèrent et burent goulûment, puisant dans une cuve à l'aide d'un broc de grès.

– Il faut y aller plus doucement, dit Aristide. Il n'y aura bientôt plus d'eau.

Lorindel le regarda, inquiète, mais elle ne comprenait pas.

– La pression atmosphérique diminue, disait mon père, et si ça continue les nuages ne pourront plus se former. Cela va interrompre le cycle de l'eau et la vie va disparaître. Voilà ce qui nous attend.

Ils s'assirent autour de la table après l'avoir débarrassée de la viande avariée, grignotant des carottes puis mâchouillant des poignées de grains de blé récupérés au fond d'un sac. Du fromage et des pommes complétaient ce festin, et Aristide retrouva sa vivacité.

Lorindel posa sur lui un regard attendri.

– Dire que tu serais peut-être déjà mort à cette heure-ci si je t'avais laissé, lui dit-elle en se renversant sur sa chaise. Je suis sûre que la grange où je t'ai trouvé a été visitée depuis.

– Possible.

Lorindel parcourut la pièce des yeux.

– Oh ! Une lampe à pétrole. Je vais allumer.

– Folle ! Tu veux nous faire repérer ?

– Pouh ! J'ai l'impression qu'il n'y a pas l'ombre d'un ennemi dans les environs. À mon avis, ils s'intéressaient surtout à la ville de Genesis. Le reste, ils s'en fichent complètement.

– Erreur ! s'écria Aristide. Genesis vit grâce aux cultures environnantes et à l'oxygène de sa végétation et des machines à air. Cela doit être également contrôlé !

– Alors ils vont venir tôt ou tard. Le mieux est de dormir ici cette nuit, de se reposer un bon coup, et demain, hop ! la fuite !

– Ou alors, trouvons-nous une cachette définitive dans ce hameau !

Ils s'arrêtèrent soudain de parler. Aristide avait cru entendre un bruit. Doucement, ils se levèrent, écoutèrent encore...

– Ça vient de l'escalier, souffla-t-il. Il y a quelqu'un en haut.

Lorindel s'avança la première. Avant de gravir les marches, elle tendit l'oreille une fois de plus. Puis elle s'engagea. Le bois craquait sous ses pas tandis qu'elle montait. Aristide suivait à distance.

À l'étage, il y avait un palier donnant sur trois portes closes. Retenant leur souffle, ils écoutèrent. Aucun bruit.

– Penses-tu... Il n'y a pas un chat, dit Lorindel.

Elle ouvrit la première porte. C'était une toute petite chambre d'enfant en désordre. Des jouets avaient été abandonnés pêle-mêle et le lit à barreaux gisait, renversé. La deuxième porte donnait sur une sorte de bureau ou un atelier...

– Je sais, dit Aristide. Nous sommes chez l'un des architectes de Genesis.

La troisième ouvrait sur une vaste pièce aux volets clos. À peine ouverte, elle libéra une grosse touffe de poils noirs qui leur bondit dessus en hurlant.

– Un chat ! Ce n'était qu'un chat !

La bête se sauva dans les escaliers et disparut.

Dans la pièce, c'était l'obscurité totale, comme partout ailleurs. Rien dans ce lieu n'indiquait de présence humaine. Ils revinrent sur le palier, et Lorindel descendit chercher la lampe à pétrole. La lumière dévoila une chambre cossue, un confort complètement étranger à la jeune fille qui n'avait connu que le chalet crasseux de la vieille Judith. Il n'en était pas de même pour Aristide, né dans l'une des plus belles demeures de Genesis.

Un grand lit recouvert d'une énorme couette occupait le milieu de la pièce où s'entassaient des chaises, une commode, une armoire et des miroirs scellés au mur.

– Voilà où nous allons passer la nuit, dit Lorindel. Regarde si nous allons être bien !

Elle sauta sur le lit et rebondit plusieurs fois, ajoutant :

– Nous nous calfeutrons ici, nous bloquons

la porte et si nous entendons du bruit dans l'escalier, nous avons le temps de sauter par la fenêtre.

– Et ce lit a l'air bien confortable, répliqua Aristide en s'allongeant sur la couette moelleuse. Je crois que je guérirais vite, ici, avec toi comme infirmière. On pourrait s'y établir. Ils ne reviendront peut-être jamais !

Lorindel descendit chercher des pommes, de l'eau et un dernier fromage. Puis ils passèrent de longs moments à fouiller dans les chambres. Ils ouvraient armoires et placards, Lorindel essayait toutes les robes et les pantalons, puis s'admirait dans les miroirs.

– Tu me trouves bien, comme ça ? Et avec celle-là ?

Aristide ne se lassait pas de la voir s'habiller et se déshabiller. Cela lui laissait des impressions agréables, mais il n'en dit mot. Il riait simplement et Lorindel continuait ce jeu parce qu'elle était heureuse de l'entendre rire.

Elle mit fin à la séance d'essayage avec un pyjama bleu pâle à jabot de dentelle qu'elle décida de garder pour la nuit.

– On ne peut plus se séparer.

Il fut plus difficile de déshabiller Aristide à cause de sa blessure. Mais il fut content de se débarrasser de son pantalon de grosse toile. Cela permit à Lorindel de soigner sa plaie, car il souffrait toujours, même s'il tentait de le cacher.

Chacun dans une tenue inhabituelle, ils se retrouvèrent tous les deux sous la grande couette qui leur prodigua rapidement une chaleur bienveillante. Ils étaient allongés l'un près de l'autre, face à face, et Lorindel sentit la main d'Aristide saisir la sienne. Elle ne la lui refusa pas.

– Cette couette est chaude. Nous n'avons pas besoin de nous blottir comme dans la forêt.

– Oui, mais maintenant nous en avons pris l'habitude, dit Aristide. On ne peut plus se séparer.

– C'est vrai, répondit Lorindel. Tu crois que ce n'est qu'une question d'habitude ?

– Non.

Un grand silence régna pendant quelques minutes. Le vent jouait avec les tuiles du toit et on l'entendait aussi dans les ramures de la forêt toute proche.

– C'est vrai.

– C'est drôle. Quand je te regarde, dit soudain Lorindel, il y a plus que ce que je vois. Par exemple, il y a tes yeux, tes sourcils, ton nez, ta bouche, on voit une personne, et pourtant, une personne c'est autre chose que ce qu'on voit.

– Qu'est-ce que tu veux dire ? Nous sommes tous les deux des personnes. Tu ne peux pas voir autre chose que ma personne.

– Si. Ton regard. Tes yeux disent des choses. Il y a plus que tes yeux, il y a ce qu'ils disent.

– Qu'est-ce qu'ils disent, mes yeux ?

Lorindel lui embrassa doucement l'œil gauche. Il y eut un autre silence, plus long, pendant lequel les yeux seuls avaient des choses à dire.

– Aristide... Si on arrive à s'échapper, qu'est-ce que tu feras, après ?

– Je ne sais pas. C'est difficile à imaginer. Rien ne sera plus comme avant. J'aimerais m'occuper des machines à air, mais qui m'apprendra maintenant ?

– Il n'y a pas d'autre ingénieur ?

– Qu'est-ce que tu feras, après ?

– Non. Pas à ma connaissance. Et toi, qu'est-ce que tu comptes devenir ?

– J'aimerais habiter dans une maison comme celle-ci, avec un carré de jardin, comme ici, et vivre avec un compagnon qui m'aime.

– Comme ici ? dit Aristide.

Elle regarda son visage à demi enfoui dans l'oreiller et préféra ne pas répondre. Il sourit et poursuivit, au bout d'un moment :

– Lorindel... Si on s'en sort, je ne veux plus te quitter. Jamais.

– Oh, tu dis ça... mais je suis sûre que tu rencontreras bien d'autres filles.

– Rencontrer, peut-être, mais choisir, non.

Elle lui serra la main et ils s'endormirent bientôt dans le grand lit.

– Papa,
ne pleure pas.

L'EXPÉRIENCE 6

ILS ÉTAIENT réfugiés tous les quatre dans le grand lit de Stephen et d'Élise, comme des naufragés en pleine tempête sur un radeau de fortune.

– Papa, ne pleure pas, dit Éric. Nous avons toujours su que tu avais été marié une première fois.

– Mais je ne pleure pas, disait Stephen en essuyant une larme.

– C'est vrai que tu l'as abandonnée sur Mars, cette dame ? dit Geoffrey.

– Abandonnée ? répondit Stephen. C'est elle qui a voulu y rester ! Nous nous étions embarqués ensemble comme des pionniers, dans l'idée de ne plus jamais revenir sur Terre, comme tous les colons à l'époque. Mais nous n'avons pas réussi à nous entendre, elle et moi. Nous nous sommes séparés. Par la suite, il m'a fallu faire un voyage retour pour des raisons techniques, à cause de ces machines à air. Alors j'ai rencontré votre maman à Paris. Ainsi va la vie.

– Elle n'a pas eu de chance, cette Lorindel, fit Geoffrey. Sa maman aurait tout de même pu la ramener avec elle.

– Le crama est prêt pour quatre personnes, interrompit fort à propos Jasper, le robot ménager, dont une image en relief sortit de l'écran plat accroché au mur face au lit.

Une image de majordome anglais pur style XIXe siècle.

– Faites entrer, Jasper ! lança Élise.

La porte de la chambre coulissa dans un soupir et le robot parut. Ce n'était qu'une table roulante à plusieurs étages. L'écran s'anima à nouveau.

– Nous recherchons les jeunes Éric et Geoffrey pour le cours de franglais, dit une jolie hôtesse habillée de rouge, dont on ne voyait que le buste et la tête frisée en très gros plan... Aoh ! Je vois qu'ils se sont réfugiés ici. Allons, mes mignons ! Quittez votre coin de douceur et venez me rejoindre pour une promenade interactive dans les souterrains redoutables de l'Académie franglaise.

– Non, pas maintenant ! grogna Éric.

– Vous devriez, je vous assure ! L'endroit est rempli de brigands de toutes sortes. C'est délicieusement redoutable.

Zip ! Elle disparut.

– Merci, Tatiana, un peu plus tard ! commanda Stephen.

– Aoh ! Comme vous voudrez ! Soyez gentils, cependant, n'oubliez pas : contrôle dans une semaine. Le dragon dévoreur de connaissances rôde. Il est affamé. Une petite leçon supplémentaire, ça ne serait pas du luxe.

Zip ! Elle disparut dans un soupir et le miroir offrit l'image et l'odeur d'un bouquet de lilas.

– Tatiana n'a pas tort, les enfants ! Et vous avez bien de la chance. Savez-vous qu'au XXe siècle, les enfants de votre âge étaient obligés de se lever tôt chaque matin et de courir à l'autre bout de la ville pour acquérir la moindre connaissance ?

– Quelle horreur ! s'écrièrent en chœur les garçons.

Le robot s'installa au pied du lit et tendit à chacun, à l'aide de bras articulés, un plateau qui contenait le bol de crama accompagné de deux toasts grillés recouverts de marmelade au Nectar d'Antan.

– Le crama, chantonna une voix : une boisson nutritive, chaude, délicieuse et qui convient à toute la famille. Nectar d'Antan, un juste dosage des saveurs extraites de baies d'autrefois.

– Papa, raconte-nous…

Les enfants se précipitèrent sur leurs toasts.

– On ne peut pas en avoir un troisième ? réclama Éric.

Mais, devant le regard des parents, il préféra changer de sujet.

– Papa, raconte-nous comment c'était, sur Mars, quand tu y étais.

Stephen soupira.

– La colonisation proprement dite ne remonte guère à plus de soixante ans. Mais au siècle dernier, les premiers savants avaient déjà installé, pour parfaire leurs expériences botaniques, une biosphère de cent kilomètres de long sur cinquante de large, au milieu de Valles Marineris, que l'on appelle aussi le Grand Canyon.

– C'est quoi, une biosphère ?

– C'est une sorte de serre géante, mais celle-ci n'est ni en verre ni en synthétique. L'enveloppe est constituée de micro-organismes collés les uns aux autres, et qui forment un tissu mince, transparent et très résistant. Il peut se dilater ou se rétracter suivant la pression intérieure. J'y suis allé pour organiser l'installation et la mise en route des turbines à air. Il fallait toujours plus d'air, car la biosphère repoussait ses limites. Elle occupe maintenant la presque totalité de Valles Marineris. On compte cent mille habitants, dont plus de la moitié sont nés sur Mars.

– C'est quoi, une biosphère ?

– Comme ta fille ? interrompit Geoffrey.

Le visage de Stephen se rembrunit.

– Les enfants, dit Élise, nous n'allons pas revenir éternellement sur ce problème.

– Si ! répliqua Geoffrey. Moi je veux qu'on en parle ! Si elle existe, cela veut dire que nous avons une sœur.

– Une demi-sœur, rectifia son frère aîné.

– Bon, d'abord, que papa termine sur les machines à air !

– Elles sont capables, par un procédé chimique rapide, de sortir du sol l'oxygène ainsi qu'un gaz neutre que j'ai découvert ; ils composent ensemble un air respirable, reprit Stephen. Nous en avons monté cinq à l'intérieur de la biosphère, plus une trentaine d'autres réparties à l'extérieur. Notre but était de créer une couche atmosphérique sur l'ensemble de la planète. Elles devront donc fonctionner éternellement à plein rendement pour la maintenir, car Mars ne possède pas une masse suffisante pour retenir d'elle-même une atmosphère.

– Et il y aura des villes et dcs jardins ? demanda Éric.

– À l'intérieur de la biosphère, on vit déjà comme sur Terre. Il existe sur Mars les quatre saisons, qui durent chacune six mois. Sous le dôme, on connaît la neige aussi bien que les vagues de chaleur, la chute des feuilles en automne et des milliers d'espèces de fleurs.

– Et il y a des écoles virtuelles ?

– Non, sourit Stephen. C'est plutôt... comme dans le temps.

– Tout de même, réfléchissait Éric, les yeux au plafond, je me demande quelle tête elle peut avoir, cette Lorindel, si elle existe. Mais une chose m'ennuie. La dame qui a parlé, hier soir, elle n'a pas dit qu'il y avait une sorte de guerre, là-bas ?

– Elle n'y connaît rien ! s'écria Stephen en reposant son bol de crama. Elle est rentrée depuis cinq ans.

– Alors, si ça se trouve, fit Geoffrey, notre sœur est en danger !

– Il n'y a pas moyen d'aller la sauver ? On ne peut pas la ramener sur Terre ?

– Mes pauvres enfants ! soupira Élise. On ne va pas sur la planète Mars comme chez mamy. C'est toute une expédition.

– Et puis la loi ne le permet pas, ajouta Stephen.

– Pourquoi ?

– Parce que, même si tout cela est vrai, elle est née sur Mars. Et les natifs n'ont pas droit au voyage. Quand les hommes ont créé la biosphère, ils se sont tout de suite mis d'accord pour ne pas en faire un satellite de l'humanité terrestre, une sorte de résidence secondaire. Il s'agissait de recréer un monde à part, avec son développement propre, et de le laisser vivre. C'est cela l'Expérience.

– Tout recommencer ? Refaire des hommes préhistoriques ? s'écria Geoffrey en bondissant sur le matelas.

– Exactement, fils. Mais en moins primitif. Nous nous sommes contentés d'installer les

– On ne peut pas l'aban-donner.

éléments indispensables au développement d'une civilisation. Puis chacun de nous a eu le choix : soit rester, soit rentrer. Depuis le début, nous observons de loin, sans intervenir, sauf en cas de réel danger, c'est-à-dire menace d'extinction de l'espèce.

– Enfin, c'est ce que tu croyais, soupira Élise. Et c'est la version officielle. Mais il est clair que le gouverneur mondial t'a mis sur la touche. Une belle médaille en échange de ta curiosité. Plus personne aujourd'hui ne s'occupe de la biosphère ni ne sait ce qui s'y passe vraiment. Les nouvelles qui nous parviennent sont fausses ou fabriquées. Plus j'y réfléchis, plus je pense que Ludmilla a raison. Hier soir, elle t'a lancé un appel. À toi. Cette Lorindel n'est pas de son invention. Elle existe. Je le sens. Cette femme ne peut pas t'avoir menti.

Stephen baissa la tête.

– Papa, insista Geoffrey. Si Lorindel existe, on ne peut pas l'abandonner.

– Moi, dit Éric, j'aimerais bien savoir à quoi elle ressemble.

– Moi aussi, murmura Stephen. Mais ce que j'aimerais surtout, c'est qu'elle vive.

– J'aimerais bien savoir à quoi elle ressemble.

Zip ! La chambre des parents disparut et les deux garçons se retrouvèrent chacun sur leur lit, qu'ils n'avaient pas quittés d'ailleurs : seule une transposition holographique leur avait fourni l'illusion qu'ils se trouvaient dans la chambre de leurs parents.

– Oh non ! Papa ! Maman ! C'est pas juste ! bougonna Geoffrey.

– Il faut t'y habituer, frérot, dit Éric en apparaissant dans la chambre de son cadet. Les parcnts sont d'affreux zappeurs.

Geoffrey se jeta sur lui et, traversant l'image de son frère, s'écroula sur le tapis.

– Viens ici en vrai, si tu es un homme ! menaça-t-il.

Éric entra.

– Pour de bon, cette fois ?

– Oui monsieur !

Geoffrey lui lança un grand coup de poing au plexus.

– Aïe ! Maman ! Geoffrey m'a frappé !

– Voyons, les enfants ! Comment vous conduisez-vous ? Comme des hommes préhistoriques. Ça ne se fait pas, les contacts directs. Ce n'est pas faute de vous le répéter. Tu me feras dix minutes d'isolement, monsieur Geoffrey. Ça t'apprendra.

Ce n'était plus qu'un lieu sordide.

– Ha ! ha ! Bien fait ! ricana Éric. Et moi, pendant ce temps-là, je vais en Italogermanie rendre visite à ma copine Priscilla. Salut !

Geoffrey se mit à pleurer, tandis que toutes les images virtuelles désertaient son studio pendant le temps de la pénitence. Ce n'était plus qu'un lieu sordide, froidement métallique, un cube de trois mètres d'arête avec un simple lit et une planche associée à un coussin flottant.

Les fenêtres ensoleillées agrémentées de paysages de bord de mer devinrent autant de miroirs devant lesquels il ne pouvait que contempler son désarroi et expérimenter toutes les grimaces qu'il voudrait bien s'adresser à lui-même.

– C'est pas juste ! grommela-t-il une fois de plus. C'est pas juste, pas juste, pas juste ! Les parents ne devraient pas avoir de disjoncteurs d'hologrammes. C'est pas juste !

LES CHIENS 7

ARISTIDE eut un sursaut. Un sinistre grincement l'avait réveillé. Mais ce n'était que Lorindel, debout au milieu de la pièce, qui s'avançait avec précautions vers lui en tenant un plateau d'où émanait une excellente odeur de café. Il faisait jour.

– Regarde ce que j'ai trouvé, dit-elle avec fierté.

Le garçon s'assit dans le lit. Outre le café, il y avait un bon kilo de noix décortiquées ainsi qu'une cruche de lait.

– Il est tout frais et vient d'être trait.

– Comment as-tu fait ? s'écria-t-il.

– C'est simple. J'ai trouvé une vache. Il devait y en avoir plusieurs ici et ils leur ont rendu la liberté avant de s'enfuir. Ce qui me donne à penser qu'ils ne vont pas revenir de si tôt.

Elle déposa le plateau près de son compagnon et s'assit au bord du lit.

– Ma nourrice faisait souvent du café, jadis. Mais il paraît que c'est devenu une denrée rare. On a du mal à le cultiver parce qu'il ne fait plus assez chaud sur Éden.

Aristide lui saisit une main qu'il parcourut de baisers. Cela fit rire Lorindel.

– Nous ne sommes pas des amoureux.

– C'est drôle, dit-il.

– Qu'est-ce qui est drôle ?

– Une main qui se laisse embrasser. Si je te chatouille la paume, qu'est-ce que ça te fait ?

Elle rit un peu plus puis le prit par le cou, lui embrassa le front et la joue.

– Pour les baisers, dit-elle, il y a des endroits mieux qu'une main.

– Il y a même mieux qu'une joue.

– Mais, Aristide... Nous ne sommes pas des amoureux.

– Peut-être que si !

– Sûrement pas ! Nous nous sommes rencontrés par hasard.

– Tu ne crois pas au coup de foudre ? Pourtant tu as bien dit qu'on ne se quitterait plus jamais.

– C'est toi qui l'as dit.

– Tu n'es pas d'accord ?

Elle baissa la tête.

– J'aime quand tu me tiens chaud. Mais peut-être que nos cœurs ne sont pas faits l'un pour l'autre. Ça serait vraiment un hasard.

– Ça serait vraiment un hasard.

– Le café va refroidir, dit Aristide.

Ils le burent ensemble, dans le grand lit tiède. Cela ressemblait aux meilleures journées passées dans le chalet de Judith. Lorindel n'avait pas osé jusque-là, mais elle sortit de son sac la poupée qui lui avait été offerte pour son anniversaire.

– Elle s'appelle Judith, répondit-elle au regard amusé de son compagnon.

Il se saisit de Judith.

– C'est notre enfant, dit-il en la berçant.

Lorindel le regarda longtemps, puis se leva et descendit dans la cuisine. Aristide l'entendait remuer des récipients et il en conclut qu'elle faisait sa toilette. Ce n'était pas du luxe. Il en avait bien envie, lui aussi.

Quand il la rejoignit, le rez-de-chaussée embaumait.

– Qu'est-ce que c'est ?

– J'ai trouvé leurs parfums. Ils en ont des tonnes. C'est celui-là que je préfère. *Soir de Vénus*. Qui c'est, Vénus ?

– Une lointaine planète. Ou une déesse. Celle de l'amour, je crois.

Il se serra contre Lorindel, la renifla, la buvant du nez à pleines gorgées. Mais elle le repoussa vers la bassine d'eau et remonta l'attendre. Il revint bientôt dans une douce odeur de savon. Il boitait, mais ne se servait plus de ses béquilles.

– Tu sens bon toi aussi, lui dit-elle. C'est merveilleux, l'odorat. Quelle belle invention !

Aristide acheva de s'habiller. Le plus délicat était de glisser la jambe blessée dans le pantalon déchiré.

– Ma cheville me fait moins mal. Cette nuit de repos n'a pas été inutile. J'en passerais bien une ou deux de plus. Et même toute ma vie ici, pourquoi pas.

– L'ennui, c'est que nous ne sommes pas chez nous. Après la révolte, les gens reviendront tôt ou tard et...

Elle fut interrompue par une série d'aboiements tout proches.

– Il n'y avait pas de chiens ici ! s'écria-t-elle en se précipitant à la fenêtre.

Quatre hommes armés de fusils avaient envahi la cour ; deux d'entre eux tenaient en laisse des bergers allemands qui les entraînaient vers la bâtisse.

Lorindel avait remis son pyjama bleu à jabot. Elle s'habilla en vitesse par-dessus cette tenue, tandis qu'Aristide se déclarait prêt à sauter par la fenêtre.

– Ce n'est pas la meilleure idée. Ils sont juste en dessous. Cachons-nous dans l'armoire.

– Et les chiens ? Ils vont nous sentir !

– Peut-être qu'ils ne fouilleront pas toute la maison...

Ils s'enfermèrent avec le sac et la poupée. Retenant leur souffle dans le noir, ils guettèrent chaque parole, chaque bruit. En bas, les hommes riaient, échangeaient des plaisanteries, mais ne paraissaient pas particulièrement lancés à la recherche de qui que ce fût.

Malheureusement, on entendit bientôt les pattes griffues des chiens s'engager dans les escaliers. Leur souffle arriva vite de l'autre côté de la porte de l'armoire. Ils aboyèrent. De la cuisine, on leur intima l'ordre de se taire, mais comme ils ne s'exécutèrent en aucune façon, l'un des hommes monta à l'étage.

– Eh ! Vous voyez bien qu'il n'y a personne ! grommela l'inconnu. Ils ont fui comme des lapins depuis trois jours au moins. Mais qu'est-ce que vous avez après cette armoire ?

– Il y a peut-être un cadavre dedans ! cria-t-on d'en bas.

L'homme ouvrit l'une des deux portes et la lumière se fit à l'intérieur du meuble. Aristide et Lorindel s'étaient tassés dans l'autre partie. L'homme referma, après avoir interdit l'accès aux chiens. Puis il ouvrit la seconde porte. Entre-temps, les deux adolescents s'étaient tapis dans la première partie, si bien que l'homme ne vit personne.

– Ça suffit ! ordonna-t-il à ses chiens, tandis qu'à l'intérieur, on commençait à éponger ses sueurs froides.

L'homme quitta la pièce et referma la porte, et les chiens se turent. Le bruit décroissant indiqua que tout le monde s'était retrouvé en bas. Aristide et Lorindel sortirent avec la plus grande prudence, s'attachant à ne faire grincer aucune lame de parquet. Mais c'était un pari audacieux. Un craquement un peu fort réveilla l'attention des chiens qui aboyèrent en se ruant à l'étage.

– Par tous les diables, il y a quelque chose qui cloche !

Les quatre hommes se précipitèrent. Ils ouvrirent...

– Il y avait quelqu'un ici ! s'écria le premier. Pourtant j'ai fouillé l'armoire.

– Regardez sous le lit ! hurla le deuxième.

– Derrière les rideaux ! fit le troisième.

– Par là ! mugit le quatrième. Il y a un drap noué au balcon !

– On redescend !

Ils dévalèrent l'escalier, suivis de leurs chiens, et s'éparpillèrent au-dehors.

– On les a eus mais ça ne va pas durer, chuchota Lorindel en sortant d'un placard masqué par la porte de la chambre dès qu'elle s'était rabattue. Ils vont bientôt rappliquer.

Suivie d'Aristide, elle descendit dans la cuisine. Posé contre la table, il y avait un fusil. Elle s'en saisit.

– On ne touche pas à ça, fit aussitôt une voix.

La jeune fille se retourna dans un sursaut et serra l'arme contre sa poitrine. Aristide ne s'était pas encore montré. Il recula doucement dans l'escalier.

La voix appartenait à un homme caché dans l'angle de la cheminée et qui tenait un autre fusil. Lorindel était pétrifiée. L'homme se mit à rire.

– Eh bien ça, pour une rencontre, c'est une étrange rencontre, dit il. On s'attendait à trouver des rebelles, et qui voilà ? Une agnelle. Une douce petite agnelle. Pose ce fusil. Il n'est pas chargé, tandis que le mien l'est.

Et il se mit à siffler, ce qui eut pour effet presque immédiat de faire revenir les autres accompagnés des chiens. Ils étaient tous les quatre immobiles, à contempler Lorindel.

– Ne me faites pas de mal ! murmura-t-elle en laissant glisser le fusil au sol.

– Ainsi donc, c'est toi qui narguais nos chiens ?

– Je ne nargue personne, monsieur.

– Ha ! ha ! ha ! Nous t'avons bien fait peur, n'est-ce pas ? Tu as dû nous prendre pour ces sales rebelles, alors que nous sommes des résistants. Où sont tes parents ?

– Je… Je ne sais pas.

– Ils se sont enfuis ?

– Ils se sont enfuis ?

– Peut-être.

– Comment ça, peut-être ? Tu es seule, ici ?

– Oui, répondit-elle, ayant aperçu par la porte grande ouverte, à laquelle les hommes tournaient le dos, Aristide claudiquant, qui portait les sacs et lui faisait signe en s'éloignant de la maison.

– Trouve-nous à manger. Il n'y a rien ici.

– Où en sont les rebelles ? demanda Lorindel.

– Ils ont envahi la ville et certains se sont répandus sur les terres avoisinantes. D'autres risqueraient de venir jusqu'ici. Mais nous sommes là pour te protéger.

– Je vais à la réserve, dit la jeune fille.

Et elle sortit en direction de la première bâtisse qu'ils avaient visitée. L'un des hommes eut la mauvaise idée de l'accompagner. Elle se demandait ce qu'elle allait bien pouvoir inventer quand il découvrirait que la remise abritait seulement du matériel.

Elle n'eut pas trop longtemps à se poser la question car, au moment où elle entrait, l'homme qui la suivait entendit un curieux bruit au-dessus de lui. Il leva la tête, et Aristide lui lança un sac de farine qu'il ne put esquiver. Il tomba assommé.

– Fichons le camp !

Lorindel se posa les mains sur les tempes, étouffa un cri et, au bout du compte, éclata de rire.

– Fichons le camp ! ordonna le garçon.

– Je ne peux pas... Je n'ai pas mon sac, ni Judith !

– T'en fais pas pour notre enfant. Je n'allais pas l'abandonner !

Aristide dressa triomphalement la poupée. En outre, il exhiba quelques flacons de parfum.

– Je n'y connais rien et je n'ai pas trop eu le temps de choisir. Mais je sais que tu vas sentir bon pour un moment.

De joie, Lorindel l'embrassa. Son compagnon lui montra aussi une serpe et quelques provisions.

– Nous voilà parés, dit-il en souriant. On y va ?

Il boitillait toujours, mais parvenait à poser le pied par terre. Heureusement, car les béquilles étaient restées dans la maison et il n'était pas question d'aller les rechercher.

Ils s'enfoncèrent dans la forêt et mirent à profit leur avance sur les quatre hommes qui n'allaient pas manquer de se lancer à leur poursuite, aidés des chiens.

– Ils se prétendaient résistants, expliqua Lorindel.

– Mon œil ! Ce ne sont sans doute pas des bandits à la solde de Darkner, mais à mon avis, ils ne se sont pas donné pour mission de rétablir l'ordre. Je crois qu'il n'y a plus de loi à Éden, et que chacun en profite pour faire ce qu'il veut.

– S'ils nous rattrapent, qu'est-ce qu'ils feront de nous ?

– Rien. Ce serait déjà fait. À mon avis, ils ne nous poursuivront pas, dit Aristide.

– Mais... Et celui que tu as assommé ?

– Il se réveillera bien un jour.

– Et les chiens ?

– Avec la dose de poivre que je leur ai mis, ils vont emmener leurs maîtres en enfer !

L'AUBERGE DE LA DERNIÈRE CHANCE

8

ILS progressaient lentement dans l'épaisseur du sous-bois.

– Je ne suis jamais passé par là, dit Aristide. Avec mon père, je suis allé à cheval jusqu'aux mines de la porte nord, mais une seule fois et il y a longtemps. Et nous suivions des routes très sinueuses pour visiter les exploitations.

– Il y a des mines ?

– Oui. On en extrait l'une des roches nécessaires à la fabrication de l'air que nous respirons, ainsi que de l'eau. Il y en a des nappes entières, gelées dans le sous-sol. Peut-être trouverons-nous dans l'un des baraquements l'équipement qui nous permettra de sortir de la biosphère. Nous sommes au sud, et il faudra remonter jusqu'à l'équateur pour trouver un peu de chaleur.

Que ferons-nous tous les deux perdus sur cette planète ?

– Il y a peut-être une autre biosphère quelque part.

– Ta nourrice en aurait entendu parler ?

– Je ne sais pas, soupira Lorindel.

Il était plus de midi et il faisait pourtant très sombre. La végétation était intense, abondante en lianes et en buissons. Il fallait se frayer un chemin à la force du poignet. Aristide maniait la serpe avec courage et dextérité. Lorindel suivait, ramassant des baies pour le repas du soir et grignotant au passage quelques champignons.

Le peu de lumière dont ils disposaient décrut et le vert émeraude vira au gris sombre, puis ce fut la nuit. Ils s'étaient arrêtés pour constituer une réserve de bois. Le feu les réchauffa la première partie de la nuit, mais bientôt le froid revint en force et les réveilla.

– J'ai mal au ventre, se plaignit Lorindel.

– C'est parce que tu as faim.

– Non. J'ai mal. J'ai très mal.

Et elle s'assit, se tordit, se plia en deux. Soudain, elle vomit.

– Ça ira mieux maintenant, dit Aristide.

– Non, j'ai toujours mal.

Et elle se tortillait dans tous les sens en poussant des cris.

– Lorindel ! Qu'est-ce qui t'arrive ?

– Lorindel !

– Je ne sais pas... Je... Je…

Elle retomba, inerte. Aristide se pencha sur elle, la secoua.

– Lorindel !

Il l'entoura de tous les lainages en sa possession. Elle gémit, remua faiblement le bras, la main, le saisit.

– Les champignons ! murmura-t-elle.

Elle fut encore secouée de spasmes puis se raidit, pâle et immobile. Le garçon posa son oreille sur la poitrine de la jeune fille : le cœur ne connaissait plus que de rares soubresauts.

– Lorindel !

Il se mit à pleurer, à genoux près d'elle,

Elle ne bougeait plus.

mais entreprit de la frictionner à travers les lainages pour la réchauffer et la maintenir à une température acceptable. Elle ne bougeait plus ; il s'épuisait, lui offrant toute son énergie, lui parlant, la secouant, tentant vainement de la faire revenir à elle. Les minutes passaient, devenant des heures entières.

L'aube parut, vaine lueur rouge à travers les feuillages noirs. Boitant et gémissant, Aristide délaissa un moment le corps inerte de Lorindel pour ramasser du bois mort. Il refusait l'évidence. Revenu près d'elle, il rétablit un feu d'enfer. Assis au bord du brasier, y jetant les branches l'une après l'autre, il contemplait le spectacle des flammes, repoussant le plus loin possible son départ, son nouvel abandon.

Il repensait à la villa grande et confortable, où son père menait une vie toute de gaieté, recevant souvent. Il revoyait ses propres amis du collège supérieur de Genesis, les dîners joyeux, les fous rires, la maison de poupée dans le parc, les grandes parties de cartes ou d'échecs, leur servante Gloria qui savait si bien s'occuper de lui, les concerts d'été dans les jardins, les colporteurs qui lui présentaient souvent de nouveaux jeux. Rien de tout cela ne revivrait plus.

Il était tout abandonné à ses tristes pensées quand quelque chose lui effleura l'épaule. Il se retourna.

Lorindel était debout derrière lui et, encore toute pâle, contemplait le feu. Il se leva, la saisit dans ses bras et la serra contre lui.

La mi-journée les retrouva en quête d'un chemin vers le nord. Ils progressaient très lentement. Lorindel était encore faible et maintenant c'était au tour d'Aristide de la soutenir, malgré sa cheville douloureuse. Il ne cessait de répéter qu'ils ne trouveraient rien à la porte de la biosphère, que leur vie n'y serait certainement pas meilleure et même pire. La jeune fille voulait s'y rendre et il ne pouvait que l'aider.

Ils épuisèrent leurs provisions le soir, devant une grande flambée. La forêt leur offrait le bois nécessaire et encore un peu d'oxygène. Le feu s'assoupit. Roulés dans leur couverture, ils n'arrivaient pas à fermer l'œil.

– Regarde, Aristide !

– Regarde, Aristide !

– Quoi donc !

– Juste au-dessus des braises.

– Je ne vois rien.

– Deux points brillants. J'ai peur !

Aristide s'assit et, de quelques coups de bâton, activa le foyer qui connut un bref regain.

– Il n'y a rien. C'est ta grande faiblesse qui te fait divaguer. Essayons de dormir.

Dans le froid obscur de la forêt, Lorindel sentait une vague source de chaleur sur sa nuque, mais ce fut un bruit qui la réveilla. Un halètement près de son oreille. Aristide dormait, serré en boule et lui tournant le dos. Il y eut un cri plaintif. La jeune fille se redressa brusquement.

– Qu'est-ce que c'est ? cria-t-elle.

L'obscurité était totale et le feu éteint. Lorindel tremblait. Quelque chose grogna, la bouscula, lui marcha dessus et elle sentit qu'on tirait la couverture. L'étoffe glissait, disparaissait.

– Quoi ?

– Il y a quelqu'un ! Il y a quelqu'un ! hurla-t-elle.

Aristide se souleva.

– Quoi ?

– La couverture ! On nous prend la couverture !

Et elle bondit, tâtonna sur le sol et disputa de toute son énergie à la force invisible cette laine sans laquelle ils n'avaient aucune chance de survivre. Malheureusement, elle lui échappa.

– C'est un chien ! dit Aristide. N'aie pas peur, ce n'est qu'un chien.

– Oui, mais un chien qui a faim ! Et d'autres, là, là et là !

Elle commençait à les distinguer dans le noir. Par ailleurs, les gémissements, les cris, les piaillements provenaient de plusieurs sources. Et de longs hurlements trouaient la nuit.

– Une horde ! murmura Aristide. On file !

Ils furent vite debout.

– Comment tu comptes t'y retrouver, en pleine nuit ?

– Peu importe. Il faut d'abord en finir avec cette forêt. En rase campagne, le ciel nous permettra de nous diriger.

Ils marchèrent le reste de la nuit, s'arrachant aux buissons, trébuchant sur les racines des arbres, chassant les chiens à l'aide de bâtons. Puis le jour parut et bientôt ils atteignirent l'orée de la forêt.

C'était une curieuse lande qui se déroulait devant leurs yeux, parsemée de rares bosquets flétris. Enfin, ils renaissaient à la lumière ! Les chiens ne s'aventurèrent pas au-delà de la lisière.

– Je ne suis pas fâchée de quitter cette forêt,

soupira la jeune fille en découvrant les étendues de terre ocre.

– J'ai l'impression que dans cette zone, il y a eu une sécheresse redoutable. Regarde le sol. Ce ne sont que des marais asséchés.

– C'est encore loin, à ton avis, la porte nord ?

– Là s'arrête la biosphère.

– Nous ne nous sommes pas trop écartés, répondit Aristide. À l'autre bout de ce désert, la barre que tu vois à l'horizon, ce sont les monts du Pyr. Une falaise de sept mille mètres. Là s'arrête la biosphère. Si tu regardes bien le ciel, tu commences à apercevoir comme un voile, surtout vers l'horizon. C'est l'enveloppe.

– Alors, nous ne sommes plus très loin de la sortie !

Ils marchèrent toute la journée.

– Oh ! s'écria Lorindel. Qu'est-ce que c'est que cette fumée ?

Près d'un bosquet effeuillé et solitaire se dressait une grande chaumière. C'était inattendu. Lorindel et son compagnon s'approchèrent avec prudence. Lorgnant par la fenêtre, dans la nuit tombante, ils aperçurent une vieille femme à chignon qui trottinait dans la grande pièce.

– On peut tenter le coup, elle a l'air si gentille ! dit Lorindel, qui repensait à sa nourrice. Et je suis fourbue !

Ils poussèrent la porte. Cela sentait bon le poulet grillé. La femme se retourna sur leur bruit.

– Mais... D'où venez-vous dans cet état, mes pauvres enfants... ? Et où allez-vous ?

– Nous fuyons les troupes de Darkner ! expliqua Lorindel.

– Les troupes de Darkner ? Qui est-ce ?

– Vous ne savez pas ? C'est un brigand qui massacre tout sur son passage. Il a mis la capitale à feu et à sang.

– Oh, moi, je ne fais pas attention à tout ce qui se raconte. Ainsi donc, cette histoire de révolte, c'était vrai ?

– Nous fuyons depuis des jours et nous cherchons un lieu pour dormir, dit Aristide. Il fait froid et nous n'en pouvons plus.

– Eh bien, les lits, ce n'est pas ce qui manque, ici. Vous êtes dans une auberge. Elle servait de refuge aux ouvriers qui travaillaient jadis sur les machines à air, du côté des montagnes. Ce n'est pas par là que vous allez, j'espère !

– Si, justement ! La porte nord est encore loin ?

La vieille ouvrit des yeux comme des soucoupes.

– Mais... C'est interdit ! Et dangereux ! De cet endroit, on ne revient jamais. D'ailleurs, les machines sont abandonnées. On y respire plus mal que partout ailleurs.

– Rien ne peut être pire que ce que nous avons quitté, répliqua Lorindel.

La vieille leur servit un potage, et enfin une part de ce poulet qui sentait si bon.

– Mangez et buvez, mes enfants. C'est

peut-être notre dernier repas, si la moitié de ce que vous dites est vrai. Il n'y a plus d'eau et vos bandits ne sont sans doute pas loin.

MARAIS ET MINERAI 9

UN AUTRE voyageur avait rejoint leur table, un homme d'une trentaine d'années, vêtu de vieux habits de velours râpé et équipé d'un solide bâton. Un marcheur. Pendant tout le repas, il regarda les enfants d'un œil soupçonneux. Lorindel et Aristide se poussaient peu à peu vers l'autre extrémité de la table. À la fin, il se décida à leur adresser la parole.

– Ainsi, vous allez dans les monts du Pyr ?

– Oui, monsieur, répondit Lorindel.

– Qui donc êtes-vous ? On ne vous imagine pas frère et sœur. Avez-vous quitté...

– C'est la guerre partout, coupa Aristide. Nos parents sont morts. On veut se mettre en sécurité dans les montagnes.

Un éclair brilla dans les yeux de l'étrange voyageur. Il siffla entre ses dents.

– Ce n'est pas aussi simple qu'il y paraît. Au bout des marais commencent les collines sauvages. Elles sont couvertes d'un curieux maquis. J'ai vu beaucoup de gens y entrer, mais jamais personne en sortir.

– C'est bien ce que je disais, fit la vieille.

– Mais moi, je connais le chemin, reprit l'homme en arborant soudain un large sourire. Je peux vous y emmener. Quelle que soit la raison de votre voyage, laissez-moi être votre guide. Vous ne le regretterez pas. Je m'appelle Charvey.

– Je m'appelle Charvey.

Et il leur tendit une main fraternelle qu'ils s'empressèrent de serrer. La vieille fronça les sourcils.

– Y a vraiment rien à faire par là-bas pour les honnêtes gens, grommela-t-elle. Enfin... C'est pas mes affaires.

Ils avaient empilé tous les matelas de la chambre pour se faire un grand lit et s'étaient blottis l'un contre l'autre. Lorindel déposait de petits baisers sur le visage de son compagnon. Des baisers très doux, presque imperceptibles, dans les recoins de l'œil, de l'oreille, et chaque soir un peu plus près de la commissure des lèvres.

– Je suis heureuse que tu guérisses, murmura-t-elle.

Ils s'abandonnèrent aux câlins et aux rires étouffés.

– Dis... Tu as confiance en ce type ? chuchota soudain Aristide.

– Il a l'air louche.

– Pas trop. Mais il connaît sûrement la région comme sa poche. C'est peut-être un des anciens ouvriers qui travaillaient aux machines à air.

– Il a l'air louche. Que fait-il ici, désœuvré ? Pourquoi propose-t-il de nous emmener ? Ça lui rapporte quoi ?

Ils se tournaient et se retournaient, n'arrivant pas à trouver le sommeil.

– Tu devrais coucher Judith entre nous deux, dit Aristide.

Lorindel fouilla dans son sac et sortit la poupée. L'un et l'autre caressèrent ce tas de chiffon qui avait vocation d'être leur enfant. Mais leur sommeil fut agité. Lorindel se réveilla en plein milieu de la nuit, pour s'apercevoir qu'Aristide ne dormait pas.

– Nous devrions fuir tout de suite, dit-il, dès qu'il la sentit bouger.

C'était aussi le sentiment de la jeune fille. Ils se levèrent, s'habillèrent dans le noir sans faire aucun bruit. Ayant rassemblé leurs trésors dans le sac de Lorindel, ils poussèrent tout doucement la porte. Par miracle, elle ne grinça pas. Elle donnait directement sur l'extérieur, au rez-de-chaussée. Le froid vif les saisit, et ils rentrèrent prendre des couvertures qu'ils jetèrent sur leurs épaules.

Très vite, un point brillant se leva dans le ciel, comme pour leur indiquer la route. C'était Phobos, l'un des satellites de Mars. Sa faible luminosité leur permit malgré tout de distinguer la végétation. Ils avancèrent avec d'infinies précautions, car ils ne voyaient pas où ils mettaient les pieds.

Bientôt l'horizon dessina devant eux les cimes roses des monts du Pyr. Le ciel jaunit peu à peu et ce fut le jour. Ils progressaient un peu plus vite que les jours précédents, sans doute grâce au bon repas de la vieille. Aristide souffrait nettement moins.

– Je crois, dit Lorindel, que nous avons quitté la dernière demeure avant la porte nord.

– Oui, je ne sais pas comment nous allons nous nourrir désormais.

– On nous a peut-être menti. Il y a sûrement encore de l'activité autour des machines à air. Et ces mines dont tu parlais. Peut-être une ville secrète ?

Ils marchaient depuis une bonne heure, dans le matin rose, quand Aristide se retourna soudain.

– Eh ! On nous suit !

Une silhouette se découpait derrière eux. Elle avançait d'un bon pas et gagnait du terrain.

– C'est Charvey ! murmura Lorindel.

L'homme les rejoignit en une dizaine de minutes. Il était équipé d'un grand sac jeté sur son épaule et de son bâton.

– Alors ? On voulait se passer de mes services ? ricana-t-il. Ce n'est pas sérieux, mes enfants. Avez-vous seulement pensé aux masques à oxygène ? Non, n'est-ce pas ? Vous allez vous dessécher comme cette bête, là-bas...

Il désigna de la pointe de son bâton un squelette de bœuf.

– Vous me semblez bien tendres... Mille autres dangers guettent de petits innocents comme vous ! Qu'allez-vous boire ? Qu'allez-vous manger ? Ha ha ! Fuir, ça, tout le monde peut le faire. C'est après, qu'il faut assumer... Heureusement, je suis là pour vous tirer d'affaire. Tiens ! On fait le pari ? Je vais vous sauver au moins trois fois la vie ! Mieux. Je vais vous conduire à un endroit où vous aurez à manger, à boire, et de quoi dormir abrités.

– C'est vrai ?

– C'est comme je vous le dis. Mais il ne faut pas traîner.

Il prit la tête et ralentit l'allure pour se mettre à la portée d'Aristide. Au bout d'une heure, ils firent une petite pause et Charvey distribua une maigre ration d'eau.

– Maintenant, nous allons aborder la lande de Fiel. Les petits ignorants auraient tôt fait d'y laisser leur peau. Vous allez vite comprendre. Et pour commencer, restez bien sur le chemin. Surtout ne mettez pas le pied sur cette terre craquelée.

Ils lui obéirent. Après une heure de marche, ils s'arrêtèrent à nouveau.

L'homme tira de son sac des provisions qu'il partagea avec parcimonie. Il devrait faire de même pendant les trois journées nécessaires pour atteindre le maquis. Le voyage était pénible. On ne pouvait jamais quitter la route. Il fallait dormir dans le froid, et l'air commençait à manquer. Aristide souffrait. Lorindel le consolait par quelques câlineries et de tendres paroles.

– On dirait deux amoureux, plaisantait Charvey.

Cela faisait maintenant six jours qu'ils avaient quitté l'auberge de la dernière chance. Et le but de leur voyage n'approchait toujours pas.

– Où nous emmenez-vous ? dit Lorindel, s'arrêtant tout à coup au milieu de l'après-midi. Nous n'allons plus vers le nord. Nous devrions être déjà dans la montagne, au lieu de la longer sans cesse.

– C'est que... Il y a eu des détours à cause de ce sacré marécage, fit le guide, un peu gêné. Il n'existe qu'un seul passage vers la porte nord. Et aussi... il faut bien... de l'eau, de la nourriture...

Il regardait dans tous les sens.

– Vous mentez ! cria Lorindel. Vous êtes en train de nous perdre. Viens, Aristide !

Les deux adolescents quittèrent le chemin. Mais la terre, hors de la voie qu'on leur avait imposée, était une véritable glu. Elle commença à leur coller aux pieds, et plus ils avançaient, plus ils en emportaient. Ils n'arrivaient pas à s'en défaire. Chaque mouvement pour se désembourber était plus pénible, et ils finirent par se retrouver complètement immobilisés. Pire, cette terre molle les absorbait et menaçait de les digérer comme des sables mouvants.

Les soupçons de Lorindel étaient justifiés.

– Ah, si je n'étais pas là ! fit Charvey en les délivrant à l'aide d'une corde.

– Il ne faut pas nous en vouloir, dit Lorindel. Nous en avons assez. Nous voulons quitter la biosphère.

– Mais... s'exclama Charvey, vous ne survivrez pas ! On ne vit pas, hors de la biosphère.

Ils se remirent en marche après avoir enlevé l'essentiel de la glu qu'ils avaient aux pieds.

Pourtant, les soupçons de Lorindel étaient justifiés. À la fin de la journée, ils s'arrêtèrent pour le bivouac. Mais Charvey ne cessait de scruter l'horizon, comme s'il attendait un quelconque événement.

– Vous ne venez pas ? lança Lorindel.

À ce moment, une troupe apparut à l'horizon.

– Eh ! Il y a de l'activité dans le secteur ! cria Aristide.

– Ça oui, répondit Charvey. Pour de l'activité, il y a de l'activité. Vous n'allez pas être déçus.

C'étaient des cavaliers, difficiles à compter car ils arrivaient dans l'axe de la route.

– Vous aussi, vous allez en avoir, de l'activité, poursuivit le brigand. On a besoin de bras, là-haut, à la mine ! Et les vôtres feront merveille. Ha ha ha !

– Vite ! On file ! cria Lorindel.

Suivie de son compagnon, elle fit volte-face et courut sur la route. Peine perdue. La troupe fut sur eux en quelques secondes. Du haut de leurs montures, la poignée d'hommes mal vêtus, mal rasés, se jeta sur les adolescents. Ils furent ligotés aux poignets, jetés en travers des chevaux et conduits sans ménagements vers une bâtisse qui apparut derrière un repli de terrain, après une courte chevauchée.

Charvey ne les avait pas suivis.

– Et voilà votre nouvelle maison ! cria un de ces voleurs d'enfants. Le gîte et le couvert en échange de quelques heures de travail. C'est pas mal-payé, vous allez vous en rendre compte. De toute façon, à errer tout seuls comme ça, dans la région, vous ne pouviez trouver que la mort.

On les fit descendre de cheval, on les délia, puis on les poussa dans une vaste cour encadrée par deux bâtiments larges et bas. Après, les bandits essayèrent de les séparer, chacun dans un bâtiment.

– Laissez-moi ! cria Aristide. Vous n'avez pas le droit !

On le jeta à terre en le bourrant de coups de pied.

– Aristide ! Aristide ! hurla Lorindel.

Elle fut poussée dans une pièce obscure et s'effondra sur la terre battue.

FIN DE NON-RECEVOIR 10

STEPHEN s'était installé dans un fauteuil de son salon, en lisière de la zone de réception holographique, face au miroir. Il attendait depuis plus d'une heure. De temps à autre, le miroir s'éclairait. Bien que situé à des kilomètres de là, un décor précis se dessinait dans la zone et il s'y trouvait subitement transporté. Alors, plein d'espoir, il se levait et s'adressait à la première personne qu'il rencontrait, le plus souvent une secrétaire derrière sa table-écran.

Mais il lui était vraiment difficile d'obtenir les contacts qu'il souhaitait. Tout le monde semblait le fuir.

Enfin, il parvint à insérer chez lui la salle d'attente du ministère de la Recherche et du Développement. L'endroit était meublé sobrement avec des chaises de cuir noir à piétement métallique, dans un style froid que l'on appelait « VIe République ».

Le décor se modifia.

Face à lui, près de la grande porte à double battant, un homme vêtu de velours violet lisait et écoutait les nouvelles sur son écran portatif. Personne d'autre que lui ne pouvait les entendre : un petit écouteur était greffé dans sa tête.

Une hôtesse entra :

– Monsieur de Beerbeck ?

Stephen se dressa.

– Oui, c'est moi.

– Monsieur le ministre va vous recevoir dans un instant. Veuillez remplir votre fiche de visite.

Stephen murmura son état civil au calepin électronique qui ne le quittait jamais, transmit l'information d'un battement de paupières et continua d'attendre, assis dans son fauteuil. Bientôt le décor se modifia. Stephen se retrouva dans le bureau du sous-ministre qui lui avait remis la médaille quelques jours plus tôt.

L'éminent personnage pontifiait derrière un magnifique plateau d'ébène, et une immense bibliothèque remplie de livres anciens ornait le mur derrière lui.

– Mon cher de Beerbek !

En réalité, il était assis dans son fauteuil de jardin.

– Mon cher de Beerbeck ! Que me vaut l'honneur de votre visite ?

– Monsieur le ministre... J'ai longuement hésité... Comme vous le savez, je me suis reconverti dans la dépollution permanente de l'atmosphère terrestre, et c'est une affaire qui marche plutôt bien. Mais je conserve le souvenir de l'atmosphère martienne, et j'entends dire çà et là qu'elle devient irrespirable.

Le sous-ministre fronça les sourcils, s'étira, soupira.

– Oui, on le dit. Mais c'est loin d'être la vérité. D'ailleurs, vos machines ne sont pas en cause. Et la vie se poursuit. Nous avons décidé de ne pas intervenir, comme vous le savez.

– Sauf en cas d'ennui grave, monsieur le ministre.

– Il n'y a pas d'ennui grave. Je veux dire par là que l'espèce humaine n'est pas en danger sur Mars. Nous recevons leurs messages et nous y répondons. Mais la loi de l'Expérience est formelle. Nous n'aurons de contact avec eux que s'ils décident eux-mêmes de venir sur Terre, par leurs propres moyens.

– Ce qui veut dire, pas avant une centaine d'années !

– Au plus juste. Et puis, pour tout vous avouer, nous n'avons plus un seul engin en état de faire le voyage. Les crédits nous sont coupés depuis longtemps.

Stephen s'indigna :

– Vous ne me ferez pas croire que l'activité spatiale est nulle depuis cinq ans !

– Non, certes, répondit le sous-ministre, agacé. Il reste les huit colonies lunaires, les expéditions régulières vers Vénus, et bien entendu nos trois stations orbitales géantes.

C'est Vénus qui nous coûte le plus cher, vous vous en doutez, mais voilà une planète au sous-sol plein de promesses. J'ai ici le rapport détaillé de toute l'activité spatiale mondiale, et je vous en ferai parvenir une copie. Je dispose également des enregistrements des conversations martiennes. Cela vous intéressera aussi.

– C'est un peu une… excentrique.

– Je vous remercie, monsieur le ministre.

– À mon avis, mon cher de Beerbeck, vous ne devriez prêter aucune oreille aux allégations de cette personne un peu bizarre, Ludmilla Tcherenko. Je crois que sa visite de l'autre soir vous a marqué. Oh, vous savez, c'est un peu une... excentrique. Une irresponsable, devrais-je dire. D'ailleurs, elle est bien connue de nos services. L'affaire qu'elle a montée est proprement rocambolesque, vous en conviendrez...

Stephen baissa la tête. En un éclair, il remonta dans le passé, seize ans plus tôt, alors qu'il travaillait sur Mars à la mise en fonctionnement de l'un des plus gros concasseurs de minerai. Il était alors jeune ingénieur, sortant à peine de l'École mondiale de Technologie, et déjà inventeur d'une machine révolutionnaire.

Ludmilla était la fille d'un directeur du programme. Tout de suite, ils s'étaient aimés. Stephen était si brillant que le Dr Tcherenko n'était pas fâché de l'aventure. Au bout d'un an, ils se mariaient et s'installaient dans l'une des demeures les plus cossues de Genesis.

Tout de suite, ils s'étaient aimés.

Mais leur ménage périclita rapidement. Stephen revint sur Terre pour des raisons techniques, une sorte d'escale dans sa vie. Il fit la connaissance d'Élise, interprète au ministère de l'Unité et, peu après son retour sur Mars, Ludmilla réclama le divorce.

Il reprit une dernière fois la navette spatiale et se fixa sur Terre, à Paris, pour épouser Élise...

– En fait, poursuivit le sous-ministre dont le visage s'éclaira soudain d'un large sourire, on peut dire que votre visite tombe à pic. En haut lieu, nous avons longuement parlé de vous. Vos travaux sur l'atmosphère, ainsi que les sociétés industrielles que vous dirigez, nous intéressent. Il y aurait encore, en quelque sorte, une atmosphère à assainir. Celle de Vénus. Cette fois, vous seriez patron du plus vaste programme que la Terre ait jamais lancé. La gloire !

Stephen hocha la tête.

– Oubliez Mars !

– Ma femme... mes enfants...

– Ils seraient bien, sur Vénus. On n'y manque pas de soleil, à ce qu'il paraît. Et puis c'est une planète jumelle de la Terre. En tous points semblable, à part l'atmosphère, justement. Réfléchissez, monsieur de Beerbeck... Vous n'allez pas refuser ça... Oubliez Mars !

L'image du bureau s'estompa et il ne resta en dernier que le sourire mécanique du sous-ministre, qui céda la place au décor familier du salon de Stephen et d'Élise.

Deux jours plus tard, l'ingénieur reçut par porteur confidentiel les documents promis par le sous-ministre. Il s'enferma dans son bureau pendant trois jours, sans se raser, passant la nuit sur son canapé, ne se dérangeant que pour des repas en famille au cours desquels il ne prit jamais la parole. Les documents lui apprirent ce qu'il savait déjà.

Tout le monde avait menti.

L'ÉVASION 11

DANS quel cloaque était-elle tombée ? Dans quel lieu infâme ? Cela grouillait de partout alors qu'elle ne pouvait rien voir. Quelles bêtes jonchaient le sol ?

Une flamme parut, mettant en évidence le visage maigre et tuméfié d'une fillette aux cheveux collés par la crasse. Quatre autres filles se rassemblèrent autour d'elle comme pour se protéger. Leurs yeux épouvantés couraient de Lorindel à la bougie. Ainsi, ce qui jonchait le sol n'était autre que les corps agités de fillettes dérangées dans leur premier sommeil. Une vingtaine au moins.

– Qui es-tu ? fit une voix.

– Je m'appelle Lorindel. Et toi ?

– Talia. Et elles, ce sont Ekou, Iram et Séliem.

Sa vue s'étant accoutumée, Lorindel pouvait se représenter plus précisément l'endroit.

La pièce, au sol de terre battue, était carrée et mesurait quatre mètres de côté. Aucune ouverture, à part la porte qui n'était qu'une grille donnant sur un couloir.

– C'est où, ici ? Qu'est-ce qui se passe ?

– Tu es prisonnière, comme nous.

– Tu n'as rien à boire ?

– Rien à manger ?

– Non. On m'a tout pris, on m'a jetée là. Je n'ai gardé que ça.

Étonnées, les filles découvrirent la poupée de chiffons.

– Elle est très jolie, lui dit-on. Tu devrais dormir. La journée est rude, ici, et elle commence tôt.

– On est des esclaves !

– Qu'est-ce qu'on y fait ?

– On travaille à la mine.

– On est des esclaves !

– On nous sort au petit jour, et on nous enferme ici à la nuit.

– Et c'est interdit de parler.

– Sinon, c'est le fouet.

– On n'a même pas droit à la chandelle. Je l'ai volée à Tremla.

– Tremla est une géante.

– Elle est très très méchante. Elle donne des coups. Regarde le visage de Talia !

– Chut, vous autres ! Elle va nous entendre !

– Il fait glacial, ici, dit Lorindel. Je ne pourrai jamais dormir.

– Glisse-toi sous nos couvertures !

En découvrant la misère de ces enfants-là, Lorindel en vint à oublier la sienne. Réprimant quelques sanglots, elle se roula en boule sans pour autant trouver le sommeil. Des idées de révolte et de vengeance lui parcouraient l'esprit.

– Chut, vous autres !

Son fouet sous le bras, échevelée, la matrone tapait dans ses mains.

– Allez, debout, paresseuses ! Et plus vite que ça ! On ne vous nourrit pas à ne rien faire !

C'était donc déjà le matin ?

Quelques murmures s'élevèrent dans le

noir. Des gémissements. Les filles, à peine réveillées, réendossaient la peur et le froid quotidien. Elles se levèrent, se bousculant, serrant contre elles leur maigre couverture.

La faible lueur d'une chandelle apportée par une seconde gardienne sortit de l'obscurité leurs visages maigres. Lorindel dominait d'une tête ce misérable troupeau. On avait voulu l'enfermer ? On avait eu tort. Les autres étaient trop jeunes et trop faibles pour lutter. Elle, elle tiendrait tête à la tortionnaire.

Ce qui réconfortait Lorindel, c'était d'imaginer Aristide échafaudant les mêmes plans pas très loin, juste de l'autre côté de la cour.

– Avance, la nouvelle !

D'abord, obéir. Faire semblant de se soumettre et étudier chaque chose, chaque mètre carré, chaque objet.

– Bougez-vous un peu ! hurla Tremla en faisant claquer son fouet dans le vide.

On se retrouva dans une salle un peu plus vaste que le dortoir, pour engloutir en vitesse une boisson chaude et vitaminée, avant de prendre le chemin de la mine, en rangs par deux.

Comme chaque jour à l'aube, les deux colonnes d'enfants se suivaient à une centaine de mètres sur le sentier qui montait aux collines dans ce paysage de rocaille, sinistre, désolé. Les filles et leurs trois gardiennes allaient toujours les premières. Deux bons kilomètres les séparaient de leur lieu de travail. Le sentier se faisait très abrupt à l'arrivée et cette marche, associée au manque d'air, suffisait à exténuer les jeunes esclaves.

Le chemin aboutissait à une galerie qui s'enfonçait dans la montagne. Les plus grands retrouvaient leur pioche, et les plus petits leurs wagonnets. Ils s'activaient sous les insultes et les coups de lanière.

De temps en temps, un coup de feu claquait dans le petit jour. Parfois, quelqu'un manquait à l'appel. On ne savait rien de son sort, et les pires bruits couraient à ce sujet.

Pour Lorindel, ce scénario se répéta à l'identique pendant quatre mois. On arrivait au cœur de l'hiver martien. Il faisait – 20 °C dans la biosphère. La jeune fille ne cessait de penser à Aristide. Ils s'apercevaient de temps à autre sur le chantier, mais il leur était pratiquement impossible de communiquer.

– Qu'est-ce que c'est que ce minerai ? lui souffla quand même un beau jour Lorindel.

– De l'or, évidemment !

– À quoi ça sert ?

– Ici, à rien. Mais sur Terre...

– Sur Terre ? Tu veux dire, là-bas ?

– Oui. Ça prend sur Terre une valeur phénoménale, tu ne peux pas t'imaginer. Mon père me l'a dit. Un caillou comme ça, et tu es riche !

– Qu'est-ce que c'est, riche ?

Là s'interrompit leur conversation. Tremla et son assistante avaient eu le temps d'écouter les dernières répliques. Cela leur valut à chacun dix coups de fouet, pour l'exemple.

Lorsqu'une des plus petites était maltraitée,

Lorindel s'interposait toujours. Cela lui coûtait cher, la plupart du temps : privation de nourriture ou internement dans une cellule glacée pendant cinq nuits.

Quelques semaines plus tard, cependant, Aristide réussit à joindre Lorindel une nouvelle fois dans le fond d'une galerie et lui glissa un billet dans la main. À la pause de midi, que l'on prenait sans sortir de la mine pour se protéger du froid, elle s'approcha d'une torche, regarda dans toutes les directions pour voir si on ne l'observait pas, et lut en vitesse :

« Attendez le signal.»

« Le sol de la prison est friable. Les constructions sont légères et fragiles. On peut creuser un tunnel en une nuit, côté soupirail, et fuir. Commencez à voler du matériel, enfouissez-le dans le sol et attendez le signal. »

Le reste de la journée parut moins pénible à Lorindel. Les garçons préparaient une évasion ! Elle glissa la consigne au creux de quelques oreilles dignes de confiance et conseilla de subtiliser tout objet tranchant, piquant, tout récipient qui serviraient bientôt à forer le passage vers la liberté.

Un mois plus tard, Aristide parvint à approcher Lorindel une nouvelle fois. Il passa près d'elle d'un air détaché, sa pioche sur l'épaule, et brusquement lui glissa un second billet. Elle attendit de se retrouver seule près d'une torche et lut :

« C'est pour ce soir.»

« C'est pour ce soir. »

Tant chez les filles que chez les garçons, il régna une grande excitation dans la mine ce jour-là et les gardiens en cherchèrent vainement la cause.

Quand elles eurent retrouvé leur geôle et que les gardiennes eurent disparu, les filles déterrèrent leur matériel : trois cuillers, six boîtes de conserve, des débris de verre, une binette de jardinier volée dans la réserve, une petite pelle à main et un seau.

Lorindel chuchota dans le silence de la nuit :

– Les filles, écoutez-moi bien. Cette nuit nous allons partir. Il nous faut d'abord creuser sous ce mur, puis de l'autre côté. Nous sortirons une à une dans la cour et là il ne faudra faire absolument aucun bruit. Les gardiennes ne sont pas nombreuses et elles vont dormir. Nous nous rassemblerons dans la cour et nous suivrons les garçons. Et maintenant, commençons. On va se relayer. Tandis que certaines creuseront, d'autres vont étaler la terre sur le sol.

La terre était meuble, en effet. La prison avait été construite sur un endroit défriché et il restait un bon mètre de terreau. En deux heures, conjuguant leurs efforts dans la plus totale obscurité, les filles avaient évidé contre le mur un puits en demi-cercle d'un mètre de diamètre et de soixante-dix centimètres de profondeur. Elles atteignaient maintenant la base du mur. Deux heures plus tard, elles étaient descendues d'un nouveau mètre et là commençait le plus délicat de ce travail : creuser dans le sens de la montée, de l'autre côté du mur.

Il y avait bon espoir, car le mur était assez mince. Ce n'était qu'une cloison de briques. Les filles creusaient deux par deux, à quatre pattes dans le trou, une troisième récupérait le seau rempli de terre, que les autres répandaient sur le sol de la cellule. Tous les quarts d'heure environ, elles se relayaient. La terre arrivait toujours tant et plus, et pourtant le puits n'aboutissait pas. C'était délicat de gratter au-dessus de sa tête sans recevoir des éboulements.

Et d'un seul coup le puits déboucha ! Elles étaient à l'air libre ! Mais déjà le jour commençait à poindre. Tremla allait apparaître avec son fouet.

Une à une les filles quittèrent la cellule avec leur couverture. La dernière venait de sortir lorsqu'elles entendirent des pas en grand nombre, qui s'approchaient.

– Les gardiennes ! souffla Lorindel. Ne vous laissez pas faire. On leur saute dessus, toutes, à mon signal !

Elles se plaquèrent contre le mur. Lorindel avait serré les poings. Impossible de se cacher, dans cette cour ! Le bruit des pas s'amplifiait, les gardiennes étaient à l'angle du mur, elles allaient apparaître.

– Allons-y !

Elles s'élancèrent toutes sur... Aristide et ses compagnons ! Il leur avait fallu à peu près le même temps qu'elles pour s'évader. La petite bande, très disciplinée, s'enfuit sans bruit. Arrivé à l'enccinte, Aristide se fit faire la courte échelle. Juché au sommet du mur nord, il observa les environs.

– Deux gardes vers l'est, de ce côté-là. Ils dorment encore. Ou peut-être qu'ils veillent. Dès que nous serons de l'autre côté, nous nous éloignerons par l'ouest et tournerons vers le nord. Ce côté n'est pas surveillé. Courez droit devant vous. Cachez-vous dans les montagnes. Je vais passer le premier et vous recevoir de l'autre côté du mur. Lorindel, tu veux bien les aider à grimper ?

– Oui, mais de grâce, dépêchons-nous ! Tremla va rappliquer !

– Avant de partir, je désire une chose, dit Aristide. Que nous fassions le serment de nous débarrasser de Darkner !

Ils prêtèrent serment à la hâte, puis un par un furent hissés par-dessus la muraille. Un point scintillait dans le ciel. C'était Phobos, la plus grosse des deux lunes de Mars, dont l'éclat se perdait peu à peu dans le soleil naissant.

Lorindel était la dernière.

Lorindel était la dernière. Seule dans la cour, il n'y avait personne pour la hisser, et elle ne pouvait escalader d'elle-même le mur trop haut, même en prenant son élan. Elle se demandait quel stratagème employer lorsqu'une corde lui fut lancée de l'extérieur.

Elle s'y agrippa et commença son ascension. Soudain, des coups de feu éclatèrent de l'autre côté, au milieu des hurlements. Lorindel retomba dans la cour. Plus personne ne tenait la corde de l'autre côté.

Plus personne ne tenait la corde.

Au-delà du mur, la fusillade faisait rage. Elle s'assit et plongea son visage dans ses mains. Une sirène mugit, puis ce fut le silence, un silence de mort.

Quand elle regarda à nouveau, elle fut pétrifiée. En haut du mur était assis un étrange personnage en épaisse combinaison blanche, coiffé d'un imposant casque rouge. Une sorte d'astronaute qui lui faisait signe d'approcher.

LA PORTE NORD 12

STEPHEN et le prévôt des transports, un gros moustachu du nom de Gallieri, se tenaient tous les deux dans le minuscule salon de première classe de l'astronef *Éternita*. Assis dans le vide, en état de totale apesanteur, ils écoutaient les subtils grésillements d'une symphonie cosmique qui se répandaient dans l'air ambiant.

Stephen prit la parole.

– Je ne serai sans doute jamais assez reconnaissant à monsieur le sous-ministre d'avoir enfin consenti à lancer cette expédition. À vrai dire, c'était inespéré. Et merci à vous aussi, monsieur le prévôt, d'en avoir pris la responsabilité.

Le voyage, qui avait à peine duré trente jours, touchait à sa fin. Le commandant de bord était en train de procéder à la satellisation du vaisseau autour de Mars. Bientôt, il allait inviter les cent trente-cinq voyageurs à enfiler leur combinaison blanche, à coiffer leur casque rouge et à prendre place dans la navette de descente.

Devant le silence de Gallieri, l'ingénieur insista.

– J'ignore ce qui les a décidés, en définitive. Vous me l'avez caché jusque-là.

Le prévôt sourit sous sa moustache.

– Sa Grandissime Excellence le gouverneur mondial entretenait depuis longtemps certains doutes quant à la validité des informations émanant des autorités martiennes. Mais ce qui a fait pencher la balance, c'est ceci.

Il sortit de sa poche la photo d'une fillette et poursuivit :

– Une certaine ressemblance avec vous, n'est-ce pas ?

– Lorindel ! murmura Stephen, crispé sur le cliché. C'est la première fois que je la vois ! Bien sûr... Cet air de famille avec mes fils...

– Elle a bien grandi depuis, on s'en doute ! C'est une certaine Ludmilla Tcherenko qui nous l'a donnée. J'ai eu un long entretien avec elle en présence du sous-ministre. Toute folle qu'elle puisse paraître, elle n'en est pas moins la mère de cette charmante enfant. Et puis, pour tout vous avouer, son infernale campagne médiatique dans les réseaux parallèles commençait à remuer l'opinion. Impossible de reculer. Le gouvernement mondial a dû réviser sa position et considérer de plus près le point de vue de cette femme. Me voici donc à vos côtés dans ce charter de la paix. Envoyé en mission officielle par le gouverneur mondial lui-même pour rétablir l'ordre dans la biosphère et délivrer cette jeune fille.

Ils étaient maintenant dans la navette de descente, admirant le sol martien, rouge sombre dans le crépuscule, qu'ils survolaient à grande vitesse. Ce fut la nuit, puis l'aube. Les détails du paysage apparaissaient à mesure que l'engin freinait et se rapprochait.

La navette se posa sans encombre sur la plate-forme réservée, à deux cents mètres de la porte nord. Les Terriens descendirent et s'accoutumèrent assez vite à la faible pesanteur. Les soldats avaient pris leurs armes et leur harnachement. Leurs regards se portèrent en direction d'un étrange jardin en partie masqué par une sorte de brouillard.

– Voici Éden ! lança de Beerbeck.

Ils arrivèrent à la porte nord en suivant une étroite voie ferrée qui partait de la plate-forme d'atterrissage. Stephen constata que l'enveloppe transparente de la biosphère, le film biologique très mince et très résistant qui montait du sol jusqu'à se perdre dans le ciel, était flasque et fripé à sa base, signe évident d'un manque de pression. C'était cela qui produisait l'impression de brouillard.

Les Terriens pénétrèrent par le sas, une double porte qui n'était qu'un voile plus épais. Là, ils ôtèrent leurs masques à oxygène, quitte à suffoquer un peu au début.

À leurs pieds, en contrebas, s'étendait un paysage encore vert qui tranchait avec la morosité ocre des cailloux martiens.

Ils n'avaient pas descendu cent mètres qu'ils avaient déjà atteint la mine. Quelques wagonnets remplis de pierres jaunes attendaient sur les rails, devant l'entrée étayée de rondins. L'endroit était désert.

– Curieuse exploitation, dit Stephen. On dirait...

– Si vous me le permettez, mon cher de Berbeeck, interrompit le prévôt des transports, je vais aller voir là-dedans avec quelques hommes. C'est sans doute ici que se situe le cœur du problème. Continuez, je vous attends ici.

Il appela une équipe de quinze soldats qui le précédèrent dans le tunnel.

Stephen continua de descendre la colline avec le reste de la troupe. Ils étaient environ cent vingt hommes, armés jusqu'aux dents.

Fusils-laser, orgues à infrasons, éclairs paralysants, émetteurs d'ondes suggestives, toute la panoplie individuelle du combattant cosmique avait fait le voyage.

Dans la vallée, les éclaireurs aperçurent un double baraquement entouré d'un mur.

– Regardez ! Des gens courent dans tous les sens...

– Des enfants ! Mais ce sont des enfants !

– Ils essaient de s'éloigner de la bâtisse !

– Et des hommes armés les poursuivent... Ils leur tirent dessus...

– Déployez-vous et neutralisez-moi tout ça ! ordonna le capitaine Morarty, qui commandait le détachement.

Une sirène se mit à rugir. Des ordres furent aboyés ici et là. Quelques tirs paralysants jaillirent aussitôt et les geôliers s'effondrèrent. La sirène se tut. Les enfants, qui s'étaient arrêtés un moment dans leur fuite, totalement éberlués par ce qui venait d'arriver, accoururent vers leurs sauveurs.

– Vite ! Il y a encore une fille prisonnière dans la cour, s'écria un grand garçon aux cheveux ras. Allez la chercher !

Stephen se fit hisser au sommet du mur. Une fille, en effet, était accroupie non loin. Il lui fit signe de lui lancer la corde qui traînait à ses pieds. Elle obéit, et Stephen, très ému, l'aida à grimper jusqu'à lui. Mètre après mètre, il découvrait la fille de la photographie, plus grande de quelques années. Il releva la visière de son casque et lui adressa un sourire.

– Bonjour, Lorindel.

Étonnée d'entendre son nom dans la bouche de l'inconnu, Lorindel risqua cependant un œil de l'autre côté de la muraille. Tous ses compagnons d'infortune étaient là, bien vivants, regroupés, et levaient les yeux vers elle. Les gardes, au nombre de quatre, avaient été désarmés, ligotés, allongés sur le sol. Quant aux deux gardiennes du bâtiment des filles, personne ne les avait vues.

Les enfants laissèrent éclater leur joie

quand leur camarade sauta du mur, mais Stephen les ramena rapidement à la raison. Il distribua pour commencer quelques rations alimentaires, puis se mit en devoir d'interroger les prisonniers. Ceux-ci étaient des anciens gardiens des machines à air.

– On nous a promis de l'or si nous faisions travailler ces gosses à la mine, dit leur chef. C'était tout de même mieux que le salaire de misère de gardien des souffleries.

– Et où va le minerai ?

– On ne sait pas. On n'est là que depuis quelques mois. C'est long et difficile à extraire. Et les gosses ne vont pas très vite.

Après de longues tractations, ces hommes acceptèrent, en échange du pardon, d'offrir leurs services.

Stephen garda quelques soldats et un officier avec lui, ainsi que les enfants. Le capitaine Morarty divisa le reste de la troupe en plusieurs sections, chargées de la lente reconquête de la biosphère.

Après le repas, le groupe d'enfants se montra plutôt bavard. Stephen apprit tout de leur esclavage, de la survie miraculeuse de Lorindel et de son ami. Ensuite, ce fut à lui de raconter les circonstances et les raisons de sa propre visite.

– Croyez-vous avoir une petite chance de retrouver votre fille ? demanda Lorindel, qui avait écouté le récit avec attention. Il y a tellement d'orphelins sur cette fichue planète, à commencer par tous ceux qui sont ici.

– Je pense que j'y parviendrai facilement. Elle ressemble à ceci.

Il tendit la photo aux enfants qui la regardèrent, l'un après l'autre. Et chaque regard se portait ensuite sur Lorindel.

Lorsque Aristide l'eut entre les mains, il dit simplement :

– Mais voyons, c'est toi, Lorindel. Tu es sa fille.

Lorindel lui arracha des mains le cliché, trembla un peu. Deux larmes glissèrent sur ses joues et elle se cacha le visage. La plupart des enfants sentaient leur gorge se serrer.

UNE SORTE D'ESQUIVE 13

– MAINTENANT, expliqua Stephen, nous avons un programme très chargé. Il va falloir remettre en route les machines à air. J'avais peur de manquer de main-d'œuvre, mais c'est une aubaine de vous avoir ici. En revanche, je ne sais pas si nous aurons suffisamment de vivres. Il faut donc...

Au même instant, des coups de feu éclatèrent. Aussitôt les soldats se saisirent de leurs armes et ripostèrent. On conduisit rapidement les enfants à l'abri du mur de la prison, où ils se serrèrent les uns contre les autres. C'était, leur dit-on, un important groupe de rebelles que des fuyards avaient eu le temps de prévenir.

– Sans doute Tremla et ses complices ! dit Lorindel. Voilà pourquoi on ne les a pas vues ce matin.

La fusillade dura plus d'une heure. Aux claquements secs des antiques fusils de Darkner répondaient les sifflements et les aboiements des armes électroniques des Terriens.

Dans leur cachette, Lorindel et Aristide se tenaient la main. Leur cœur battait la chamade. Les enfants ne voyaient rien de la bataille, sinon, de temps à autre, le convoyage d'un blessé. Puis ce fut le silence. Un long silence. Le combat avait cessé. Quand ils purent se déployer à nouveau, les enfants découvrirent une importante colonne de prisonniers auxquels l'ingénieur tentait de faire entendre raison.

Dès qu'il fut disponible, Lorindel s'approcha de Stephen et s'accrocha à sa combinaison blanche d'astronaute. Elle ne voulait plus le lâcher.

– Papa…

– Papa, dit-elle timidement, pour la première fois de sa vie.

Et elle se serra contre lui. Lui, ému, fourrageait de la main dans l'épaisse chevelure. Leurs regards se rencontrèrent, proches, humides. Dès lors, Lorindel ne quitta plus Stephen. Ils allaient tous les trois, avec Aristide, sans jamais se séparer.

Les prisonniers s'éloignèrent vers le sud sous bonne escorte, tandis que les enfants suivaient Stephen vers l'est avec le reste de la troupe armée. Cette marche pénible, heureusement de courte durée, les conduisit à une chaumière au milieu d'un champ parsemé de bosquets dénudés, et dressée à côté de cinq grands puits, grillagés sur le dessus.

Lorindel ne quitta plus Stephen.

– Une auberge, comme celle de la vieille ! souffla Lorindel.

– Voici une machine à air ! dit Stephen. La bâtisse n'est que le dortoir des employés. L'essentiel se passe en dessous.

– Et là, plus loin, ces grands carrés plantés comme des arbres ? demanda Aristide.

– Des piles solaires pour créer le courant électrique qui alimente les machines.

– Courant électrique ? s'étonna Lorindel.

– Oui, expliqua Aristide. C'est une force qui passe dans des fils et qui fait fonctionner toutes sortes d'appareils. Mon père me l'a appris.

– Ton père ? s'étonna Stephen.

– Oui, monsieur. Il était ingénieur en chef des aérateurs.

– Il ne s'appellerait pas Sven Nilsson, par hasard ?

Le visage d'Aristide s'éclaira.

– Si, monsieur, c'est bien lui. Hélas, il est mort au début du soulèvement.

Stephen prit la tête d'Aristide et la serra contre sa poitrine.

– Allons, dit-il au bout d'un moment. Si nous restons ici trop longtemps, nous allons subir une nouvelle attaque des rebelles. Il n'y a plus guère de délai. Vite, mes enfants. Suivez-moi !

La chaumière recelait un escalier qui descendait loin dans les profondeurs. Et là, les enfants découvrirent une véritable petite usine. Il y avait encore de l'électricité.

– Cela n'a pas été entretenu depuis plusieurs mois, mais tout est intact ! dit gaiement Stephen, après avoir fouillé dans des armoires métalliques et des conteneurs. La machine a simplement disjoncté et apparemment, personne n'a su la remettre en marche ! Tout s'est empoussiéré. Les enfants, remontez et prenez des pelles et des balais. Vous en trouverez dans la chaumière. Vite !

La troupe remonta et revint bientôt dans un grand bruit de galopade. L'escalier métallique vibrait sous leur enthousiasme.

Au milieu de la pièce carrelée de blanc se dressait un fouillis de tuyaux enserrant un cube de trois mètres d'arête.

– Ici, les trémies[1] du concasseur, expliqua Stephen. Il broie la roche qui remonte en poudre dans ces godets. La poudre subit une

1. Trémie, *n. f.* : sorte d'entonnoir.

transformation chimique, et il se dégage de l'oxygène, qui se mélange avec du gaz neutre et circule là sur du carbone, celui que l'on extrait des mines... Heureusement, il reste encore assez de minerai. Allons ! Il faut balayer tout ça !

Au bout d'une heure, l'aérateur était flambant neuf.

– Viens voir, Aristide, je vais te montrer. À toi l'honneur... Il faut appuyer là et là... C'est tout simple, et les machines sont toutes bâties sur le même modèle... Attention ! Écoutez bien...

Un sifflement, un grondement... Les foreuses de minerai et les broyeuses se remirent à fonctionner. Une heure plus tard, il y eut un premier jet d'air pur. Remontés à la surface et groupés autour des puits, les enfants ne cessaient d'aspirer cette atmosphère toute fraîche. Ils se sentaient ivres, remplis de force, heureux tout à coup. Le jet augmenta soudain d'intensité, et l'on dut s'écarter.

– Voilà, mes enfants. La biosphère va reprendre sa pression normale dans quelques jours, quand nous aurons réactivé d'autres machines de ce genre. Je vous expliquerai tout. Il faudra établir de nouveaux gardiens, et cette fois ne pas abandonner, sous aucun prétexte. L'air, c'est la vie.

Sur la fin de la journée, il fut décidé que les enfants dormiraient dans le dortoir des ouvriers. Ils commencèrent à s'installer. Stephen, accompagné de Lorindel, d'Aristide et d'une dizaine de soldats, retourna à la porte nord, s'attendant à y retrouver le prévôt Gallieri. Mais il n'y avait personne. Ils erraient, çà et là, lançant des appels, bientôt rejoints par la horde des enfants qui n'arrivaient pas à se détacher de ses héros.

– Il est sans doute resté à la mine, dit Stephen. Pourvu qu'il ne lui soit rien arrivé de grave !

Ils s'y rendirent aussitôt. Arrivés à l'entrée de l'exploitation, Aristide fit remarquer que les wagonnets, remplis avec tant de peine, étaient vides. Sur le moment, Stephen n'y prêta guère attention. Il pénétra avec la petite troupe armée, visita les galeries. Tout était désert.

Dehors, il alluma un feu, réunit autour tout son petit monde et prit la parole.

– Je ne veux pas y aller !

– Il va bientôt faire nuit et nous allons gonfler pour vous quelques igloos, puisque vous n'avez pas voulu de cette maison pourtant plus confortable. Nous vous les laisserons, jusqu'à ce que la température soit plus clémente dans la biosphère. Ensuite, quelques hommes resteront ici, mais moi, dans huit jours au plus, je vous quitterai. Et j'emmènerai Lorindel avec moi. Ses deux jeunes frères l'ont réclamée et l'attendent sur Terre. C'est en partie à eux que vous devez ma présence ici.

Lorindel et Aristide se dressèrent, bouleversés.

– Mais... je ne veux pas y aller ! s'écria la jeune fille.

– Nous avons juré de ne jamais nous séparer ! renchérit le garçon.

Apparemment, Stephen n'avait pas envisagé cette situation.

– Mais... Mais... Tu dois me suivre... Lorindel... Voyons... bégaya-t-il. Tu es ma fille. Tu dois... enfin...

– Voyons... Tu es ma fille.

– Monsieur, dit Lorindel, je vous remercie d'avoir supporté tout ce voyage et de nous avoir délivrés. Mais je ne quitterai pas Aristide !

D'autres enfants se levèrent, eux aussi mécontents.

– Nous ne voulons pas être séparés d'eux !

– Nous voulons les garder !

– Ils nous ont guidés.

– Nous sommes nés sur Mars, plaida Aristide. La Terre peut nous tuer, la pesanteur y est trop forte !

Stephen échangea avec les militaires un regard étonné.

– Et puis souvenez-vous : la loi l'interdit, ajouta l'un d'eux, avec un petit sourire.

Il était à la recherche d'un autre argument lorsque tout à coup, il y eut une déflagration suivie d'un sourd grondement. Le sol vibra. En haut de la plate-forme d'atterrissage, une vive lumière était apparue.

– La navette ! s'écrièrent les hommes.

– La navette !

Elle décollait toute seule. Les soldats poussèrent des cris, des jurons... L'un d'eux mit en batterie un récepteur radio, d'autres se précipitèrent vers la porte de la biosphère comme s'il était encore temps... Mais la radio se mit à parler.

– Ici Gallieri, le prévôt des transports. Bonne chance sur Mars, monsieur de Beerbeck. Vous ne pensiez tout de même pas que cet appareil avait été affrété pour les beaux yeux de mademoiselle votre fille. J'avais pour mission de vous conduire ici dans le seul but de vous faire remettre en état les machines à air. Nos jeunes ouvriers ont besoin de respirer convenablement, pour produire. Ah, j'allais oublier... J'en ai profité pour prendre au passage un chargement de ce minerai. Sur Terre, ces cailloux pèseront une vingtaine de tonnes. Vous aviez raison sur toute la ligne, monsieur de Beerbeck. Les liaisons n'ont jamais vraiment cessé avec Mars. Il y en avait une chaque année pour venir chercher le précieux métal... C'était peu. L'administration martienne était plutôt molle, disons. Maintenant que le pouvoir a changé de mains sur ce caillou, je crois qu'il nous faudra tripler les convois, pour le moins. Darkner et ses sbires ne vont pas vous laisser chômer. Bien sûr, vous essaierez de reconquérir la biosphère, c'est tout naturel, mais je doute que vous réussissiez. Vos munitions s'épuiseront. Et puis d'autres surprises vous attendent...

– Vous n'êtes donc que de vils trafiquants ! hurla Stephen dans le micro.

– Oh, monsieur, je vous en prie... Pas ce vilain mot. Sa Grandissime Excellence l'a en horreur. Elle ne vous le pardonnerait pas. Ce minerai a son utilité sur Terre, vous le savez, même s'il a son prix. Adieu, mon cher Stephen, permettez que je vous appelle ainsi... Ne comptez pas revenir sur votre planète d'origine. Mais cela n'a pas d'importance pour vous, n'est-ce pas ? Ici où là-bas, vous êtes toujours en famille !

Et son rire se perdit dans le grondement des tuyères. Le soldat coupa la radio. Stephen avait fermé les yeux. Chacun respecta le long silence qui s'ensuivit. On n'entendait que les craquements du feu, les respirations courtes des enfants, quelques soupirs profonds dans cette atmosphère neuve, retrouvée, abondante.

– C'est vrai, reconnut l'ingénieur d'une voix éteinte, quand il se retourna, blême, devant la mine réjouie des soixante gamins qui le savaient à leurs côtés pour toujours. C'est vrai. J'ai eu deux familles. Alors, un peu l'une, et maintenant un peu l'autre. C'est dur, mais c'est juste.

Puis il se moucha très fort et s'épongea les yeux.

DARKNER 14

L'ENDROIT n'était autre que la ferme dans laquelle Aristide et Lorindel avaient passé une nuit, la ferme des chiens, de l'armoire et du grand lit. Ils ne se tenaient pas à l'intérieur de la demeure proprement dite mais dans le grand hangar entièrement vidé de son matériel.

Il y avait là plus de trois cents personnes, des hommes de Darkner faits prisonniers, et quelques Terriens pour les garder. Assis à même la terre battue, ils écoutaient en présence de Stephen les explications d'un résistant de la première heure qui tentait de les faire changer de camp.

– Vous n'avez rien à attendre de Darkner. Que pouvez-vous contre nos armes ? Et le prévôt est parti avec l'or. Vous n'en aurez pas un gramme. Pourquoi insister ?

Quelques braseros avaient été allumés et le hangar allait servir de cantine et de dortoir pour l'occasion.

Aussitôt connue l'arrivée des Terriens, une formidable lutte avait opposé les résistants aux révoltés. Les résistants, qui avaient connu des heures sombres au début de la révolte, s'étaient réorganisés. Ils avaient repris espoir. Maintenant, ils étaient parvenus à rejoindre les soldats terriens et ils formaient un front puissant. On avançait en direction de Genesis, gagnant un kilomètre par jour et obligeant les rebelles à se replier sans cesse en perdant des hommes.

Ils avaient repris espoir.

Il fallait pendant ce temps-là s'occuper des blessés et glaner de quoi nourrir troupes et prisonniers. Les enfants s'y employaient, ne manquant ni d'idées ni de ressources.

L'argument concernant l'or disparu avait porté ses fruits. La plupart des prisonniers, ce soir-là, firent serment de suivre les résistants et de les renseigner. Cela amena un beau chahut dans l'assistance. Les repentis furent emmenés, et on fit sortir aussi les enfants. Les soldats répandirent un gaz pour endormir rapidement tous les réfractaires. Aristide et Lorindel montrèrent avec émotion à Stephen la chambre où ils s'étaient réfugiés et qui leur permit de passer encore une nuit bien au chaud.

Le lendemain, l'armée leva le camp de bonne heure. Les prisonniers restèrent sous bonne garde en attendant d'être fixés sur leur sort. Le front se déplaçait toujours en direction de Genesis, mais il s'orientait vers l'est, et l'on sortit vers midi de la forêt du Septentrion.

L'armée leva le camp.

Ce n'était pas la plaine des maraîchers, par où Lorindel s'était enfuie de la ville, puisqu'on était plus à l'est. Là, le terrain était parsemé de bosquets et il y poussait une herbe grasse. Stephen marchait à l'avant, et les deux adolescents avaient accepté bon gré mal gré de rester à l'arrière de la longue file. Ils étaient parvenus à trouver place dans un chariot rempli de gens hébétés qui avaient fui les massacres. Il en arrivait de partout.

– Je suis déjà venu par ici.

– Je suis déjà venu par ici avec mon père, expliqua Aristide.

– Aristide... Tu me parles souvent de ton père, dit Lorindel, et jamais de ta mère.

– Ma mère a quitté Mars quand j'étais tout petit. Je n'ai aucun souvenir d'elle. Et toi ?

– Je ne sais pas. Peut-être qu'elle est morte.

Ils arrivèrent un peu plus tard en vue de quelques bâtiments isolés au milieu d'une grande étendue de champs labourés.

– Encore une machine à air, dit Aristide. La plus puissante, je crois. Celle qui assure l'atmosphère de la ville. On l'appelle le grand aérateur. Et là, plus loin, à l'horizon, tu vois cette haute tour ?

– Oui.

– C'est la station de communication avec la Terre.

Leur chariot s'arrêta. Masqués par la foule, ils ne voyaient pas bien. Mais au même instant, il y eut une explosion, loin devant. Une nouvelle bataille commençait.

– Darkner s'est retranché dans la tour de communication ! cria-t-on autour d'eux.

– Nos troupes vont essayer de la prendre d'assaut.

Pour Lorindel, jusqu'à présent, Darkner n'avait été qu'un nom. Un nom dans la bouche d'oncle Pendrake. Maintenant il était là, à moins d'un kilomètre.

– J'aimerais savoir à quoi il ressemble. On accompagne ceux qui vont attaquer ?

– Tu es malade ? s'écria Aristide. Nous avons promis de nc pas monter en première ligne, mais de rester ici avec les civils.

– Je veux le voir ! Nous sommes beaucoup plus forts que lui, aujourd'hui.

Elle sauta du chariot et courut à un bosquet de pins plantés sur un repli de terrain, proche de la tour, et derrière lequel était caché un avant-poste des Terriens. Stephen était parmi eux.

– Lorindel ! Qu'est-ce que tu fais là ? C'est de l'inconscience totale. Veux-tu bien...

Une fusillade éclata. L'ennemi lançait une offensive pour les déloger.

– À plat ventre, Lorindel, et surtout ne bouge pas d'ici, folle ! Tu veux te faire massacrer ? J'aurais fait tout ce chemin pour te voir mourir ?

Les assaillants furent anéantis. L'étau se resserrait autour de la tour, autour de Darkner.

– Je pense qu'on arrive à un dénouement, dit le capitaine Morarty. Ses fidèles ne doivent plus être nombreux.

Les résistants, encadrés par les soldats terriens que l'on reconnaissait toujours facilement grâce à leur combinaison blanc et rouge, avançaient en rampant vers la tour.

Soudain, il y eut des coups de feu au loin, des explosions, des cris, des hurlements. Mais cela venait de l'arrière. Tous se retournèrent.

Une colonne de fumée montait du côté du grand aérateur. La panique s'empara des civils qui s'enfuirent dans tous les sens.

– Nous sommes pris à revers ! s'écria Morarty.

Au même moment, les troupes de Darkner tentèrent une sortie de la tour et montèrent à leur rencontre.

– Cette fois, nous sommes dans une tenaille.

La bataille faisait rage et les soldats, obligés de se diviser pour défendre à la fois l'avant-garde et l'arrière-garde, ne suffisaient plus à la tâche.

C'est alors qu'une voix se fit entendre. Une voix terrible qui dominait le champ de bataille. Une voix qui semblait venir d'ailleurs, de l'espace, une voix si puissante que chacun pouvait l'entendre crier à son oreille.

– C'est Darkner qui vous parle. Écoutez tous. Vous vous battez avec courage, vous vous défendez avec obstination. C'est bien, mais profondément inutile. J'ai ici, dans cette tour, de quoi vous anéantir en un instant. Je dispose d'un canon ionique. Pour ceux qui ne connaissent pas, c'est un rayon mortel qui passe à travers tout. Il vous balaiera en un millième de seconde. Alors laissez vos armes et il ne vous sera fait aucun mal. Que les Terriens se rendent immédiatement ! Que mes fidèles injustement arrêtés soient immédiatement libérés ! Et que les enfants retournent à la mine sans plus attendre. Je vous donne trois minutes !

Tous étaient profondément atterrés. Le spectre de la mine et de la prison revint à la pensée de Lorindel.

– C'est grave, un canon ionique ? fit-elle.

– C'est grave, un canon ionique ?

– Plutôt, dit Stephen. La plus redoutable des armes terriennes.

– J'ignorais qu'ils en avaient un, souffla Morarty.

– C'est sans doute ce dont parlait le prévôt des transports, quand il nous annonçait des surprises.

C'est à ce moment-là qu'Aristide arriva, essoufflé.

– L'autre partie des rebelles était cachée dans les bâtiments annexes du grand aérateur. Ils nous ont pris à revers. Il y a des tas de blessés et des morts à l'arrière. Viens, Lorindel !

– Viens, Lorindel !

– Quoi qu'il en soit, dit le capitaine, nous n'avons plus de délai. Il faut se rendre à leurs exigences.

– On pourrait essayer de gagner du temps, dit Stephen.

– Je veux bien, mais la situation est sans issue. Je vous l'assure.

– Essayons.

– Eh bien moi, je ne retournerai pas à la mine ! s'écria Lorindel.

– Moi non plus ! ajouta Aristide.

Et ils quittèrent les lignes avancées, traversant les rangs immobiles, frappés de stupeur.

– Qu'allons-nous devenir ? demanda la jeune fille.

– Je crois que j'ai ma petite idée, dit Aristide. Allons au grand aérateur. Regarde ! Les bâtiments sont incendiés et le puits est sans défense de leur part.

De bosquet en bosquet, ils s'approchèrent des ruines fumantes. Les révoltés avaient déserté cette zone, occupés à fouiller leurs prisonniers, un peu plus loin. Heureusement, l'escalier métallique qui menait au sous-sol était resté intact et accessible.

– Je te l'avais dit. Personne. La voie est libre.

– Qu'est-ce que tu vas faire ?

– Qu'est-ce que tu vas faire ?

– Tenter notre chance. Il possède un canon ionique, et nous une arme encore plus terrible.

– Laquelle ?

– Tu marches dessus. C'est l'aérateur.

Ils se retrouvèrent dans la salle des machines. Une pièce toutc carrelée de blanc. Aristide ouvrit des armoires électriques, des portes qui donnaient sur des couloirs. Une

l'intéressa particulièrement, parce qu'elle était ouverte à leur arrivée.

– Lorindel ! Tu vois ce couloir ?

– Oui, et alors ?

– C'est par là qu'ils sont venus. Je m'en doutais. Si tu longes ce couloir, tu aboutis directement à la tour de communication où se cache Darkner.

– Tu veux y aller ? Tu veux défier Darkner en personne ? Non, j'ai compris ! Tu vas aller chercher nos troupes et ils vont tenter l'invasion par ici !

– Ce n'est plus possible. Nos soldats sont désarmés à l'heure qu'il est. J'ai une meilleure armée. Une armée invisible, transparente, qui ne fait aucun bruit et qui vous tue tout à coup !

Et en disant cela, il manipulait les tableaux de commandes. Les trémies se remirent en marche, les godets apportèrent de la roche, le concasseur principal commença à broyer et la fine poudre se répandit dans l'unité chimique.

– Tu vois, Lorindel ? Ici se mélangent les composantes de l'air que nous respirons. Azote, gaz rares, un peu de carbonique, de la vapeur d'eau... Mais moi, celui qui m'intéresse, c'est l'oxygène.

– Celui qui fait vivre, dit Lorindel.

– Et celui qui fait mourir, ajouta Aristide en apportant un énorme tuyau souple qu'il fixa à la sortie d'oxygène.

– Aide-moi !

Ils fixèrent l'autre extrémité du tuyau à un guichet qui s'ouvrait dans la porte donnant sur le couloir. Ils calfeutrèrent les fentes, si bien que l'oxygène commença à se déverser dans le tunnel en direction de la tour de communication.

– Et maintenant, dit Aristide, il faut espérer que nos amis vont tenir encore quelques minutes. En attendant, on file ! C'est plutôt dangereux, par ici.

Ils remontèrent à la surface. Les hommes de Darkner, sous la menace de leurs armes, continuaient à fouiller et délester de leurs munitions la foule qui se tenait mains sur la tête.

Les deux adolescents firent un grand détour et remontèrent jusqu'à la ligne de front. Là, soldats et résistants avaient déposé les armes et se tenaient à genoux.

– Tiens tiens... Que font-ils, ces deux-là ? cria l'un des rebelles, en voyant les adolescents.

Stephen tourna la tête pour regarder les arrivants et il reçut un coup de botte dans les côtes.

– Allons ! À genoux comme les autres !

La voix de Darkner se fit entendre à nouveau.

– Lorsque la fouille de sécurité sera achevée, vous reprendrez la direction de la porte nord, et pour certains le chemin de la mine. Nous choisirons qui doit rester à Éden, et qui doit sortir.

Aristide eut un regard en direction de Lorindel, qui voulait dire à peu près : il suffit d'attendre encore un peu.

La foule se leva et commença son mouvement de retraite. Darkner continuait.

– Les responsables de la rébellion contre mon autorité seront sévèrement jugés. Qu'ils montent jusqu'à la tour. Nous allons instruire leur procès.

Stephen, le capitaine Morarty et les principaux résistants avançaient, poussés par les soldats de Darkner. Aristide et Lorindel les accompagnaient.

– Qu'est-ce qu'on risque ? dit Lorindel.

– La peine de mort est la seule qui convienne à des assassins comme vous, leur fut-il répondu.

– Vous ne croyez pas si bien dire, chuchota Aristide.

En haut de la tour, Darkner les regardait approcher. Il se sentait joyeux, léger, triomphant. La tête lui tournait un peu. Il porta un cigare à sa bouche, battit le briquet pour l'allumer.

Et ce fut le dernier geste de sa misérable vie.

La tour explosa dans un énorme champignon qui monta jusqu'au ciel.

Elle s'était fait raconter l'histoire mille fois.

RETOUR À GENESIS 15

– EH BIEN ! Si je pouvais imaginer une chose pareille ! dit la vieille Judith en jetant une brassée de bois mort dans le feu qui reprit de la vigueur.

Elle s'était fait raconter l'histoire mille fois, pour être sûre de n'en rien manquer. Cela lui était toujours une grande joie d'avoir tout son monde autour d'elle, comme elle disait. Mais ce soir, c'était l'anniversaire de la venue de Stephen. Un peu plus d'un semestre déjà, un semestre de Mars où l'année compte presque sept cents jours ! Mais les anniversaires se comptaient comme là-bas, c'est-à-dire selon un calendrier terrestre.

La vie avait repris son cours à Genesis, même si on avait peu rebâti. Darkner et ses derniers fidèles n'étaient plus qu'un vieux souvenir. Toutefois le bilan était lourd. Il ne restait plus qu'une poignée d'habitants dans la cité. La colonie ne devait guère excéder dix mille âmes.

Les orphelins, qui s'étaient entassés dans quelques familles, avaient changé. Lorindel avait retrouvé avec émotion la chaumière de Judith. La nourrice avait échappé au massacre en se cachant plusieurs mois dans une remise dont elle ne sortait que la nuit. Aristide, qui n'aurait pu accepter d'être loin de sa compagne, avait élu domicile chez des voisins. Il venait lui rendre visite chaque jour. Tous deux évoquaient leurs souvenirs communs que Lorindel consignait par écrit dans son cahier noir. Ainsi commença le gros livre qu'elle avait rêvé d'écrire.

La pression de l'air était excellente et le moral aussi.

On avait besoin de cette gaieté pour entourer Stephen à qui manquaient cruellement sa femme et ses deux fils. L'ingénieur s'était noyé dans le travail, se dépensant sans compter à la remise en état des machines à air. Il disait souvent qu'il était ici à sa vraie place, qu'il avait commencé une grande entreprise et qu'il ne pouvait plus la laisser. Et maintenant, les trente-cinq puits fonctionnaient à plein rendement. Cinq à l'intérieur de la biosphère, trente à l'extérieur. Il entrevoyait l'époque bienheureuse où les habitants se répandraient sur toute la surface de la planète.

La population pourrait respirer autant qu'elle voudrait. Il avait cru jadis lancer une expérience, et en fait il avait créé une humanité. Et il n'était pas peu fier des nouveaux techniciens formés à la lourde tâche de l'entretien, parmi lesquels figurait en bonne place Aristide.

– Ces jeunes sont les poumons de la planète, aimait-il répéter.

Il y avait donc à cette veillée-souvenir une trentaine de personnes autour de la flambée. Les conversations étaient plutôt animées, et pourtant elles furent interrompues par de simples coups frappés à la porte. Judith fit une moue interrogatrice, puis à petits pas s'en alla ouvrir.

On se retourna pour découvrir les nouveaux venus. Ils étaient quatre, vêtus de la combinaison blanche des astronautes terriens. Personne ne les connaissait, à Genesis. Sauf Stephen, qui se leva, soudain très pâle.

– Vous ! murmura-t-il.

La première à entrer fut Ludmilla.

– Bonsoir à tous. Bonsoir, Stephen. Peut-être apprécieras-tu cette visite un peu plus que la précédente. Je ne te présente pas mes compagnons de voyage.

Deux garçons suivaient, que l'émotion et la foule entassée dans le salon un peu exigu de Judith empêchèrent de se jeter dans les bras de leur père. Et pour finir Élise de Beerbeck, discrète et souriante sur le pas de la porte.

Lorindel se leva et s'avança vers les garçons.

– Je suis Lorindel. Je crois avoir compris

qui vous êtes. Ravie de vous connaître enfin.

Elle les embrassa, écarta les invités et poussa les enfants jusqu'à leur père. Élise s'engouffra dans le sillage et s'approcha de Stephen.

– Je suis ta mère, mon enfant.

– Éric... Geoffrey... murmura celui-ci. Comme vous avez grandi... Et toi, Élise...

Mais Lorindel s'approcha de Ludmilla.

– Et vous, madame, qui êtes-vous ?

Ludmilla prit la jeune fille par les épaules, puis la serra contre elle.

– Je suis ta mère, mon enfant.

Il y eut un silence de quelques secondes, peut-être une minute... Plus personne ne respirait, plus rien ne bougeait...

– Eh bien, lança Judith, si je ne me trompe, voilà une histoire qui finit bien, à moins qu'une autre ne commence. Ou les deux. C'est comme on voudra.

Cela fit rire tout le monde et détendit l'atmosphère. On se mit à dîner auprès de la cheminée, et les visiteurs inattendus, à qui on avait fait place, racontèrent leur histoire.

L'affaire de l'or martien avait finalement provoqué un scandale sur Terre, et le gouverneur avait été renversé. Il s'était ensuivi une longue période de troubles, puis un nouveau régime s'était installé. On n'attendait plus que Stephen à qui l'on proposait de rentrer dans une semaine ou deux, maintenant que sa tâche sur Mars était accomplie.

– Et Lorindel ? Et Aristide ? Que décideront-ils à ce sujet ? demanda l'ingénieur en cherchant du regard les adolescents.

Mais Lorindel et Aristide, après avoir sagement écouté toute la nuit le récit, étaient sortis. Dans les premières lueurs de l'aube, un point brillait : la Terre. Elle paraissait lointaine, inaccessible.

– Elle ne nous concerne pas, dit Aristide. Ce n'est qu'une étoile dans notre ciel. Tout juste peut-elle nous guider.

– Et encore ! fit Lorindel. Ses habitants n'ont pas toujours donné le bon exemple.

Par les allées aux senteurs douces, où les

fleurs se préparaient à s'ouvrir à la timidité du soleil, ils quittèrent Genesis dans la promesse du petit matin, se donnant la main comme à l'accoutumée. Ce n'étaient pas deux mains inertes ; elles se caressaient, se pelotonnaient, se disaient des choses tendres en se grattant la paume, en s'entortillant les doigts. Ces deux mains savaient s'émouvoir, se serraient, ne se lâchaient plus.

Quelques centaines de mètres les conduisirent au-delà des jardins vers la forêt naissante, dans la fraîcheur exquise des fougères et des mousses. Lorindel attrapa Aristide par le cou et se blottit contre lui.

– Et nous ? fit-elle. Crois-tu que nous donnerons le bon exemple ?

– Je ne sais pas. C'est quoi, le bon exemple ?

– C'est ça, le bon exemple, conclut-elle, en déposant sur ses lèvres un baiser tendre, doux et parfumé comme l'aurore.

Table des matières

1. Genesis ... 9

2. La fuite ... 21

3. La forêt du Septentrion ... 35

4. Une visite inopinée ... 49

5. Une errance chaude et froide ... 61

6. L'Expérience ... 83

7. Les chiens ... 97

8. L'auberge de la dernière chance ... 111

9. Marais et minerai ... 125

10. Fin de non-recevoir ... 139

11. L'évasion ... 149

12. La porte nord ... 163

13. Une sorte d'esquive ... 175

14. Darkner ... 189

15. Retour à Genesis ... 207

François Sautereau

est né à Paris d'une famille de musiciens.
Après avoir fait des études littéraires, il entre à la Poste
et s'occupe, entre autres, du service social.
Dix ans plus tard, il décide de se consacrer à la jeunesse ;
il devient directeur de centres de loisirs et animateur de théâtre.
Il a écrit de nombreux ouvrages pour les jeunes
et anime des ateliers d'écriture.
En 1979, il a reçu le Prix de la Ville de Paris
pour l'ensemble de son œuvre.

Du même auteur :

Aux éditions Nathan :
Contes et Légendes de la naissance de Rome (Pleine Lune, 1994)
Racamiel et Rigobert (Pleine Lune,1995)
La montre infernale (Lune Noire, 1996)

Chez d'autres éditeurs :
La Cinquième Dimension (Hachette-Jeunesse, Livre de poche, 1979)
Les Indiens de la rue Jules-Ferry (Rageot, Cascade, 1982)
Les Kilos en trop (Bayard, Je bouquine, 1986)
La Vallée des esprits (Rageot, Les Maîtres de l'aventure, 1988)
Prix de la Jeunesse et des Sports 1987
La Forteresse de la nuit (Rageot, Les Maîtres de l'aventure, 1989)
Classe de Lune (Rageot, Cascade, 1989)
La Petite Planète (Milan, Zanzibar, 1989)
La Fontaine maléfique (Rageot, Les Maîtres de l'aventure, 1990)
L'Héritier de la nuit (1985 ; réédition Kid-Pocket, 1994)
Terminal Park (Flammarion, Castor poche, 1997)

Serge Clerc

Influences

Plutôt un choc. À 5 ou 6 ans, la découverte dans la cave
de ses grands-parents d'une caisse de bandes dessinées,
dont *Tintin au pays de l'or noir*.

Amours

Camille et les jumelles Pauline et Mathilde, ses trois filles.
Les dessinateurs font souvent des filles.

Haine

Se lever à 7 heures du matin.

Parcours

Pas d'école d'art. À 18 ans, engagé par Métal Hurlant,
une revue de BD et de SF, et par Rock'n'Folk,
un journal de rock. Illustre dans ces deux journaux
et dans une revue de rock à Londres.
A publié une dizaine d'albums de BD
aux Humanoïdes Associés et chez Albin Michel.

Envie

Se lever plutôt vers 9 heures.

DÈS 9 ANS

5. *Gaël et Réséda*
Dominique Buisset
16. *Les malheurs de Sophie*
Comtesse de Ségur
25. *Le 397e éléphant blanc*
René Guillot
33. *Les nougats* • Claude Gutman
34. *Le dragon déglingué*
Jean-Loup Craipeau
50. *L'inventeur* • René Escudié
56. *À l'abordage, Mamadou Courage !*
Jean-Loup Craipeau
63. *Augustin et Amandine*
Geneviève Le Moal
66. *Le club des secrets*
Elsa Devernois
69. *Sale temps pour les grenouilles !*
Gilles Fresse
81. *Gillou et les oscars* • Yak Rivais

DÈS 10-11 ANS

6. *Cabot-Caboche* • Daniel Pennac
7. *L'œil du loup* • Daniel Pennac
8. *Opération Marcellin* • Claire Mazard
12. *Croc-Blanc* • Jack London
13. *Vingt mille lieues sous les mers*
Jules Verne
15. *Le fil à retordre* • Claude Bourgeyx
18. *Kerri et Mégane :*
Les Mange-Forêts • Kim Aldany
26. *Sur la piste du loup*
Daniel Meynard
27. *Gazoline et Grenadine*
Jean-Loup Craipeau
35. *Le renard de Morlange*
Alain Surget
37. *La rédac* • Évelyne Reberg
41. *Pinocchio* • Carlo Collodi
44. *Le redoublant* • Claire Mazard
47. *Le secret de la falaise*
Yves Pinguilly
48. *Racamiel et Rigobert*
François Sautereau
49. *La ballade d'Aïcha*
Robert Boudet
53. *Kerri et Mégane : Les Transmiroirs*
Kim Aldany
57. *Prisonniers des sables*
Yves-Marie Clément
58. *Pour l'amour de la Marie-Étoile*
Sylvie Queyron
59. *Un alligator pour la vie*
François Zabaleta
64. *Mes chers voisins*
Gérard Moncomble
65. *Le puma aux yeux d'émeraude*
Yves-Marie Clément
73. *Sous une bonne étoile*
Daniel Meynard
75. *Dur, dur d'être top model !*
Michel Amelin
76. *Kerri et Mégane : Brocantic-Trafic*
Kim Aldany
80. *Les sept scarabées*
Gérard Moncomble

DÈS 12 ANS

14. *La guerre du feu* • J.-H. Rosny aîné
30. *Dans les forêts de la nuit*
Nadèjda Garrel
32. *Jalouve* • Éric Sanvoisin
40. *Le secret de la pierre noire*
Patrick Grainville
42. *Aïna, fille des étoiles*
Christian Grenier
46. *La chanson de Hannah*
Jean-Paul Nozière
60. *Aïna et le secret des Oglonis*
Christian Grenier
67. *Le secret du verre bleu* • Tomiko Inui
68. *Les Ouraniens de Brume*
Joëlle Wintrebert
71. *Aïna et le pirate de la comète*
Christian Grenier
74. *Pique et pique école et drame*
Jo Hoestlandt
77. *L'incroyable retour*
Évelyne Brisou-Pellen

78. *Aïna : Kaha, Supermaki !*
Christian Grenier

79. *L'orpheline de Mars*
François Sautereau

COLLECTION LUNE NOIRE

POLICIER :

DÈS 9 ANS

12. *Trois aventures de l'ogre-doux*
Jean-Loup Craipeau

DÈS 10-11 ANS

5. *Un chien dans un jeu de quilles*
Thierry Lenain
8. *Gare au carnage, Amédée Petipotage !*
Jean-Loup Craipeau
9. *Le jour de tous les mensonges*
Hubert Ben Kemoun

DÈS 12 ANS

2. *Le dernier jour*
Hubert Ben Kemoun
4. *Lapoigne et l'ogre du métro*
Thierry Jonquet
10. *Train d'enfer* • Michel Amelin

FANTASTIQUE :

DÈS 9 ANS

1. *Contes du cimetière après la pluie*
Yak Rivais
3. *Au secours, je suis invisible !*
Gudule
11. *L'école qui n'existait pas* • Gudule

DÈS 10-11 ANS

7. *Magie noire au collège*
Christine Aubrée
13. *Chlaganoir*
Évelyne Reberg et Guy Jimenes
15. *Destination cauchemar !* • Gudule

DÈS 12 ANS

6. *La montre infernale*
François Sautereau

TU TROUVERAS CES PLEINE LUNE EN LUNE NOIRE DÈS 1998

POLICIER :

DÈS 10-11 ANS

36. *Les horloges de la nuit*
Roderic Jeffries
62. *La route du danger*
Roderic Jeffries

DÈS 12 ANS

31. *Lapoigne à la chasse aux fantômes*
Thierry Jonquet
54. *Lapoigne et la fiole mystérieuse*
Thierry Jonquet
61. *Le jour du meurtre*
Hubert Ben Kemoun
72. *Lapoigne à la foire du Trône*
Thierry Jonquet

FANTASTIQUE :

DÈS 9 ANS

43. *L'étrange Madame Mizu*
Thierry Lenain

DÈS 10-11 ANS

70. *Le manège de l'oubli* • Gudule

Découvre aussi dans Planète Lune, pour les 9-13 ans,
Contes et Légendes, la collection de la mémoire du monde :
contes et légendes des régions, de l'histoire du monde et des civilisations,
et contes et récits de l'aventure des hommes
et de leurs exploits techniques et scientifiques.

